5分で惹きつけるコミュニケーション

沖田一希

経法ビジネス新書
015

はじめに

全力で思いを伝えるプレゼンター・スピーカーがいます。プレゼン・スピーチが終わり、自分の思いを十二分に伝えきった気持ちになっています。しかしながら、悲しいかな、その思いがまったく届いていないプレゼンやスピーチに幾度となく遭遇してきました。また、講師・教師・政治家・ビジネスマン…、多くの人と縁をいただき、伝えたい内容を持っていながら、伝えたい心を持っていながら、上手に伝えることができず悩んでいる人が多いことを知りました。伝えたい思いや内容があっても伝わらない。とても残念な事態です。

既存のプレゼンテーション・スキルアップ、コミュニケーション・スキルアップの方法では限界があるようです。プレゼンターとして、人前に立つ人のお役に立てることはないかと真剣に考えました。

プレゼンターにとって、「話が分かりやすい」「面白い」ということは当然のことでしょう。プレゼンターとして、聴衆に対して圧倒的な影響力を持つために、ここにプラスして〝空間支配力〟が必要な要素と考えます。これは古今東西の「カリスマ」と呼ばれる人々に共通する資質でもあります。もしあなたがこの力を手に入れ、パフォーマンスに取り入れることができれば、自身の能力や格を大きく高めてプレゼンターとしてこれ以上ない飛躍が可能となるでしょう。プレゼンターとしての空間支配力とは、ただ単に「人前で流暢に話ができる」というだけのものではありません。

空間支配力を一言で表現するなら、聴衆の「この後はこうなるんだろう」という思い、すなわち「予定調和」を崩し、話の中身・話し方・パフォーマンスにおいて「両極に振る」ことによって、常にプレゼンター側に主導権があり、相手を魅了してやまない「マイペースな振り回し力」と言えるでしょうか。受験生から神のごとく信望を集めるカリスマ予備校講師をはじめ、世のカリスマと呼ばれる政治家、指導者と呼ばれる人たちは、皆こうした力を持っています。

しかしながら、この力・技術は、本人自身も無意識に行っているところが多く、これまでなかなか言語化できなかった分野です。ただ、それではいつまでたっても、一部の人間のみが独り占めしている「特殊技能」で終わってしまいます。そこで、今回この「引き込み・巻き込み」の技術を、誰もが理解し、そして誰もが実践して自らのものにできるよう「言語化」「フォーマット化」し、これを求める人々に提供できるものに仕上げようと思いました。

本書は超実践的なコンテンツを満載しています。目に見えない空間支配力というカリスマの衣を身にまとい、プレゼンターとしてダントツのパフォーマンス力・伝える技術を身に付けていただきたいと思います。

ＴＯＰ講師だけが知っている引き込み術
空前絶後の巻き込みテクニック
禁断の伝える技術
あなたのためのブランディング

これらを身に付けることで、伝えたい内容を聴衆にきちんと届けることができます。

あなたの届けるメッセージで世の中が変わるかもしれません。あなたの伝える思いが正しければ社会は動きます。未来は変わります。正しいマインドをセットし、本書の伝えるプレゼン・スピーチの技術で、社会的影響を与えてほしいと思います。

究極のコミュニケーションは社会や未来を変えるコミュニケーションです。大勢の人に感動や影響を与え、より良い社会を構築させるようなプレゼンター、スピーカーが多数輩出することを願っています。

2016年9月

沖田 一希

5分で惹きつけるコミュニケーション　●目次

はじめに …… 3

第1章 プレゼン・スピーチ・コミュニケーションの背景 …… 15

伝え方こそすべて
武器を持たない人にこそ必要なプレゼン・スピーチ・コミュニケーション能力
氾濫するプレゼン・スピーチ・コミュニケーションに関する書籍やセミナー

第2章 成功するプレゼン・スピーチ（基本編） …… 23

プレゼンとスピーチ
私もあがり症。あがり症でも大丈夫
私が失敗したプレゼン・スピーチ
あがり症の人ほど準備不足。万全の準備を心掛けよう
あがり症を激減させるオープニングテクニック

あがり症完全撲滅テクニック
積極的に正の自己催眠を
プレゼン・スピーチの4つのレベル
聴衆は正論やロジックのみでは納得しない、動かない
必要なのは共感させる力、感動させる力

第3章 **成功するプレゼン・スピーチの技術（応用編①）** …………………… 49
笑いは不要、とにかくラポールの形成
ラポールの形成
ラポール形成のための権威とは
ラポール形成のための好意とは
「つかみ」の目的
「つかみ」で聴衆を非日常へと誘う

いろいろな「つかみ」
話の展開法
聴衆のマリオネット化を目指す
パラダイムシフトを起こせ

第4章　成功するプレゼン・スピーチの技術（応用編②）…… 81

感情で惹きつける
説得力を高める「抑揚」と「間」
さらに説得力を高める「声のトーン」と「ジェスチャー」
ジェスチャーテクニック
スリーサークルテクニック、プラスワン
言葉の選択で惹きつける
「壁ドン」の効果

禁断の3つの引き込みテクニック

第5章　**成功するプレゼン・スピーチの技術（実践編）** …………………… 101

大人数で成功するプレゼン・スピーチメソッド
難しい内容を伝えるプレゼン・スピーチの技術
「伝えたいメッセージ」が「伝わる話」になるための必須条件
表現の技法・テクニック

第6章　**成功するマンツーマン・少人数コミュニケーション技術①** ……… 135

コミュニケーションの5つのレベル
ホメオスタシス
自己紹介
自己紹介後の展開

「人たらし」を目指そう
話すこと以上に聴くことが大事
相づち以上に強力なバックトラッキング
自己重要感を満たす
説き伏せない
話したいことからはじめない
体系的な情報より、具体的な情報を伝える
パートナーとの会話の基本
交渉コミュニケーションの基本
教育的に叱る
そりの合わない人とのコミュニケーション
第7章　成功するマンツーマン・少人数コミュニケーション技術②……165

暗示の効用
ダブルバインドテクニック
タイプ分類
バーナム効果
占い師のように悩みを当てる

第8章 **プレゼン・スピーチ・コミュニケーションの達人** …… 185
コミュニケーション能力の重要性
思いを伝えるプレゼン・スピーチ・コミュニケーションへ
商品や内容は大事、でもあなたはもっと大事
人間力とプレゼン・スピーチ・コミュニケーションの関係

おわりに ― TOP講師が伝授するプレゼン・スピーチのマインド …… 194

第1章　プレゼン・スピーチ・コミュニケーションの背景

●伝え方こそすべて

筆者の生業とする予備校講師は、伝え方こそすべてです。知識を効率良く伝えることによって、成績や合格率を上げるといった成果と同時に、受講者を多く集めるといった営業成果を求められます。

小人数しか受講者を集められず、公民館等の小さな部屋で細々と講義をしていたセミナー講師が、伝え方を研究し工夫を加えたところ、同じ内容の講義でありながら、著名人の講演や国際会議が開かれる大きな会議場で講演ができるようになりました。伝え方を少し変えただけで、講演料が何倍にもなったという企業研修講師もいます。

もちろん、本書を手に取られた人のすべてがプロの講師ではないでしょう。仕事で日常的にプレゼン・スピーチを行うわけではないかもしれません。とはいえ、ペイの発生の有無にかかわらず、プレゼン・スピーチの際は、相当な準備の時間を費やし、精一杯思いを伝えているわけです。また、聞き手の貴重なお時間を頂戴するわけです。ぜひとも本書を有効活用し、伝え方を研究し、工夫し、伝え手と聞き手の双方にとって有意義な時間を過ごしていただきたく思っています。また、プレゼン・スピーチの伝え方は、マンツーマンや少人数での双方向性のコミュニケーションにとっても有効です。

●武器を持たない人にこそ必要なプレゼン・スピーチ・コミュニケーション能力

景気の先行きについての話を聞くことが多くなりましたが、国内のみで経済が完結しない現代社会において、政治家がいかなる舵取りをしようとも、日本がかつてのような経済力を回復することは難しいでしょう。金融業界、農業、あらゆる分野でタブーはなくなります。会社間のみならず、個人間でも格差はますます拡大していくでしょう。たとえ同じ職場であっても戦略なき個人は没落していきます。いまのあなたは、この時代を生き抜く強力な武器をすでに備えているでしょうか。

かつては年功序列で、社会的な地位が上がるにつれて人前で話す機会が増えてきたものですが、現在は人前で上手にプレゼンやスピーチをすることができなければ、社会的地位を確立することが難しい状態になりつつあります。教育の現場では、そうした社会に対応すべく、先生の話を聞いて、ただただ重要ポイントをメモするような受け身型の授業から、積極的に自ら発言することを求める能動的な参加型の授業へとシフトしています。

このような背景から、現代において優れたスピーチやプレゼンができること、高いコミュニケーション能力を持つことは、社会生活を送るうえで、もはや必要不可欠な要素になったと言えるでしょう。

●氾濫するプレゼン・スピーチ・コミュニケーションに関する書籍やセミナー

「口下手なので、いつも言いたいことが言えない」「上手にコミュニケーションが取れず、人間関係がうまくいかない」「営業トークをマスターして、ビジネスで成功したい」などと、要求する内容やその程度はさまざまですが、世の中はコミュニケーションで悩んでいる人であふれています。

プレゼン・スピーチ・コミュニケーションに関して高い能力が求められている現代社

会において、プレゼン・スピーチ・コミュニケーションに関する書籍は多数出版されています。また、アナウンサー経験者など、話し方のプロによる話し方セミナーなども多数開催されています。これだけ多数の書籍が出版され、セミナーなども多数開催されているのですから、プレゼン・スピーチ・コミュニケーションに関する多くの悩みは、すぐに解決するかのように思えます。

ところが、そうしたノウハウを教えてくれる書籍やセミナーを活用しても、プレゼン・スピーチ・コミュニケーション能力が向上したという話をほとんど聞きません。

理屈は理解していても、練習の機会に乏しいことが一因でしょう。書籍やセミナーのほとんどは、心構えか小手先のテクニックのどちらか一方に偏りすぎていることも原因でしょう。内容が可もなく不可もない、あまりにもありきたりな話に終始していることにも原因があります。

話し方のプロ中のプロであるアナウンサーによる教えなどの場合、アナウンサーという仕事においては必要かつ有効な話し方であっても、プレゼンやスピーチ、日常的なコミュニケーションにおいては、有効とは言えない方法である場合もあります。さまざまな要因がプレゼン・スピーチ・コミュニケーション能力の向上を阻んでいます。真の意味でプレゼン・スピーチ・コミュニケーション能力の向上に寄与する書籍やセミナーは、いまだほとんど存在していないと考えます。

長年の講師経験から、誰もが簡単にそして確実にプレゼン・スピーチ・コミュニケーションで成果をあげる方法は確かに存在すると確信しています。

本書ではプレゼン・スピーチ・コミュニケーションの上達を阻むさまざまな要因を最大限排除し、私自身の30年間の塾・予備校講師・セミナー講師として身につけたスキル、医療人として医学的・心理学的な見地、催眠術師・催眠心理療法士として潜在意識にアプローチする方法等を余すことなく伝えます。ノウハウやテクニックはもちろん、成功するために必要な前提条件をすべて公開します。皆さんのプレゼン・スピーチ・コミュニケーションの能力向上に寄与できるものと考えます。スピーチ・プレゼンができないと、ビジネスでの成功や会社内での出世は厳しいでしょう。プレゼン・スピーチ・コミュニケーションの達人になっていただこうと考えています。

スピーチ・プレゼンでの成功は、スピーチ・プレゼンの技術的な側面とマインドの側面があります。また、マンツーマンまたは少人数でのコミュニケーションは得意だが、大勢の前で話すスピーチ・プレゼンとなるとちょっと苦手と言う人は多いですが、スピーチ・プレゼンのベースはマンツーマンや少人数でのコミュニケーションに他なりません。スピーチ・プレゼン技術の向上はコミュニケーションスキルの向上がベースであり、表裏一体だと考えます。

第2章　成功するプレゼン・スピーチ（基本編）

●プレゼンとスピーチ

プレゼンテーション（プレゼン）とスピーチの違いは何でしょう。

市販の英和辞書で、presentationの意味の冒頭には「提出、提示、提案」と書かれています。営業担当者が営業を勝ち取ろうと会議で話しているイメージでしょうか。speechの冒頭には「演説」と書かれています。政治家の演説や、結婚式で友人代表として参加者の前で話をすることを思い浮かべる人が多いでしょうか。

プレゼンがパワーポイントなどのビジュアル手段を利用するといったイメージに対して、スピーチは本人の肉声またはマイクを通して声のみで意思を伝え、身振り手振りのほかのビジュアル手段を使わないといったイメージかもしれません。

しかし、現在ではＴＥＤ（Technology, Entertainment and Design）のような大規模なスピーチではスライドを用いて行われます。両者を区別することに特別な意味はないと考えたほうがよさそうです。一般にプレゼンではスライドに重きがおかれる傾向はありますが、スライドは添え物、主役はあくまでも話し手であると考えてください。

残念ながらプレゼン・スピーチを問わず、パワーポイントなどのスライドや動画作りに準備時間の大部分を費やしているケースが多々あります。確かに綺麗なスライドや動画は目を引きますが、そうしたスライドや動画がメインであれば、あなたがその場にいる必要はありません。事実、多くの言葉で説明するよりは、1枚の写真のほうが説得力が増す場合はあるでしょう。込み入った話を整理するうえでスライドが役立つ場面もあるでしょう。スライドや動画はそういった場合に補助的に使用するものであり、メインは話し手であることを認識すべきです。

●私もあがり症。あがり症でも大丈夫

私はもともと気が弱く、緊張しやすいタイプです。塾・予備校講師となり、人前で話すようになってすでに30年が経過していますが、正直いまだに緊張します。特に、初対面の人々の前で話す時はとても緊張します。心臓はドキドキ、バクバク、授業開始前には何度もトイレへ行ったりします。私が話をしているところを見ると、実に堂々と話し

ているように見えるかもしれませんが、実はこんなものなのです。

人前で話すことは、いわば現代人の戦いです。私たちの身体のメカニズムとして、戦いの時は自律神経の1つである交感神経が優位になります。交感神経は戦いに備えて多量の血液を心臓へと送りこみます。これによって心臓はドキドキするのです。誰しも人前でプレゼンやスピーチをする際には、多かれ少なかれこうした反応が起きるものなのです。あがったり緊張したりするのは本来の人間の姿だと思ってください。

さらに、交感神経が過剰に働いているのを感知して、もうひとつの自律神経である副交感神経があなたをリラックスさせようと、トイレでの放尿を促します。これも身体のメカニズム。ありがたいようなありがたくないようなメカニズムですが、仕方ありません。

あがっていること、緊張していることを極度に意識すると、さらに交感神経が興奮し、激しい動悸や息切れ、胸の痛み、果ては失神といった状態を引き起こしてしまうことすらあります。こうならないように、あがりや緊張を意識した段階で、誰もがあがったり緊張するものなのだから、ドキドキしている今の状態は当たり前だ、仕方ないことだと思って、無理に緊張を鎮めようとしないでください。そのほうがむしろ落ち着きを取り戻すことができるでしょう。

あがり症を克服するためにはやはり経験が必要です。プレゼンやスピーチの経験を積むことなしに、あがり症を克服するのは難しいでしょう。はじめはただ人前に出る機会を増やすことからはじめましょう。プレゼン・スピーチをする必要はありません。次に、数人の前でのプレゼン・スピーチをします。時間も1分、3分、5分、10分…と、徐々に長くしていきながら、成功体験を積んでいきましょう。話題も自分に興味のあるものからはじめて構いません。

●私が失敗したプレゼン・スピーチ

教え子の結婚披露宴のスピーチを頼まれた時のことです。仕事が立てこんでいたことと、すでにそうしたスピーチを何度も頼まれていて、それなりに好評を得ていたという自信から、まったく準備をすることなしに結婚披露宴当日を迎えたことがありました。

自分のスピーチまでの時間を使い、スピーチの内容を考えてそれなりに話の骨格を作り終えると、いつの間にか私の前の人のスピーチの時間となっていました。経験は豊富だし、あがり症とはいえ、その対処法は心得ています。今日も一発笑いをとってやろう、という気持ちで私の前の人のスピーチを聞いていました。すると、何とその人のスピーチは、まったくと言っていいほど私とネタがかぶっているではありませんか。

そのスピーチを聞いて私は一挙に緊張の頂点に立たされました。頭の中は真っ白です。仕方なしに前に出てスピーチをはじめるも、手足がガタガタ震えます。震えを抑えようとすると、さらに激しく震えます。スピーチを終えて席に戻ると、周りから「先生、手が震えていましたね。どうしたんですか」と言われる始末です。

プレゼン・スピーチの際は、くれぐれも万全の準備を心掛けてください。

●あがり症の人ほど準備不足。万全の準備を心掛けよう

あがるのは仕方ないにせよ、あがりの度合いを減らすことはできます。それには念入

りな事前準備が必要です。

ところが、原稿の作成方法を知らないと、準備のしようがないし、自己流で準備しても何もやっていないのと同じことになってしまいます。プレゼン・スピーチでのお辞儀の仕方、表情や姿勢、発声法などを知らないという人も多いようです。

こんな状態ではあがるのも無理ありません。まずは本書で正しい準備の仕方を学んでください。

原稿を作るときは話し言葉を意識することです。書き言葉と話し言葉は違います。書き言葉は難しい言葉になりがちで、また一文が長くなりがちです。読んでみるとそれなりによい出来に思えても、実際に発表する段になると聞き苦しい原稿になります。原稿作成の際には、つなぎ語や接続詞を徹底的に排除し、一文をできるだけ短文にし、それをつなげてください。

また、起承転結の文章構成は物語のストーリーには向いていますが、プレゼン・スピーチではおすすめできません。起承転結で人の気持ちを引っ張ることはとても高度な技術だからです。小説や漫画の読者は予測できない展開やその後の結論を楽しみにしますが、あなたのプレゼン・スピーチの展開をワクワクドキドキしながら楽しむ人はいないと思ったほうがいいでしょう。展開でワクワクドキドキさせようと思うのは厳に慎みましょう。一番言いたいこと、結論を冒頭に持ってくるのが無難です。

原稿を作っておしまい、という人も多いようです。それではいけません。原稿を作ったら、必ず音読して練習してください。練習の仕方は84ページを参照してください。

●あがり症を激減させるオープニングテクニック

あがり症の人は、話をしなければならないという気持ちが先行しがちです。あがり症の人の欠点は「間」が少なすぎることと、声が小さくなりがちなことです。「間」が少ないことや、声が小さいことは、聞いている側からすると息苦しくなります。

プレゼン・スピーチをする前に1つ実行してほしいことがあります。周りをゆっくりと見渡してみてください。そうすることにより、見られている側から見る側にまわることができます。たったこれだけの行為でこちらが主体に立つことができます。聴衆の安心感と好印象を引き出すこともできます。この見渡す行為で「間」を作ることもできます。

プレゼン・スピーチを行う壇上へは、胸を張って大股でゆっくりと向かってください。このとき、緊張していつもより早く脈打つ心臓の鼓動が聞こえてくるかもしれません。でもそんなのは当たり前、有名予備校講師だってドキドキするんだと言い聞かせて壇上へと進んでください。話をするのは一呼吸おいてからで結構です。意識的にゆったりと時間を使いましょう。

壇上へ辿り着いてもやっぱり落ち着かないと思います。そんな時はあえて次のような動きをしてみましょう。

①マイクを持って動かす…緊張を落ち着かせるための行動ですが、聴衆からは余裕ある人に見られます。周囲がどういう視線を送ってくるかで緊張の度合いは大きく変わります。

②腕時計を外して演台へ置く…これも緊張を落ち着かせるための行動ですが、後述する大事なテクニック「凝視法」のためでもあります（第４章参照）。

③吐く息でお腹をへこます…鼻から息を吸ってお腹をふくらませたあと、少しゆっくりめに息を吐いてください。横隔膜が刺激され、副交感神経が優位となりリラックスしていきます。

④咳払いをする…ざわついていた聴衆が静まります。ざわついている中で話はじめるのはストレスの掛かる行為です。この咳払いで聴衆の注目はあなたに向きます。

⑤姿勢を正す…前屈姿勢では胸椎3番・4番が硬直します。胸椎3番は肺へ、胸椎4番は心臓へ神経が出ているため、心肺機能が低下します。姿勢を正すことで呼吸が楽になり、それに伴って落ち着きも生まれます。

⑥震えが出たら全身に一度おもいっきり力を入れてから脱力する…全身に全力で力を入れたら、後は脱力するしかありません。緊張が緩みます。

こうした行為でかなり緊張がほぐれるはずです。

それからやっと、挨拶です。挨拶は「こんにちは」の前に、「改めまして」「それではじめたいと思います」でスタートしましょう。そして「こんにちは」です。第一声の

「こんにちは」を発した後は、３秒ほど間をあけてください。相手の反応を待ちます。拍手をいただけた場合は笑顔で受け入れてください。

「こんにちは、○○と申します」という最初の挨拶は、最後列に向かって言ってください。この段階で声が小さいと、この後さらに声は小さくなってしまいます。この挨拶がその後の基準となります。しっかりと大きな声で挨拶してください。挨拶は声のトーンが「高↓低」となることを意識してください。話の出だしは高く、終わりは低くです。「ソ」の音階くらいで挨拶するといいでしょう。出だしはあえてゆっくり目に。複数の人に話すときは、まず最後列を見て、そこに声を届かせ、聞かせるように、最初はゆっくりスタートです。決して、スピード全開で話さないでください。

その後、冒頭の「つかみ」で受講態度を誘導して、プレゼン・スピーチの本題に入っていくのですが、本題に入ったら意識して声のトーンを「低↓高」に変えてください。

●あがり症完全撲滅テクニック

準備を万端に整え、あがりを激減するオープニングテクニックを使っても効果がない、それどころか、プレゼン・スピーチのたびごとに、経験を積めば積むほどに緊張度が高まる、という人がいます。人前で話をしようとすると極度の緊張状態となり、声が震え、手足も震えるのです。そういった人は、往々にして知らず知らずのうちに悪い自己催眠を掛けているようです。負の自己催眠は特定の行動パターンから強化される場合がほとんどです。

パターン化した行動によって同じ結果が導かれることがあります。潜在意識があなたを自動操縦するイメージでしょうか。

例えば、プレゼンすることが決まったら、「また、緊張して震えたらどうしよう」と不安になる。前日はリラックスするために「いつもより長くお風呂に入って、早く寝る」が、結局、不安に襲われぐっすり眠ることができず朝早くに目が覚める。話をする直前は不安が高まり「何度もトイレへ行く」。すると、やはり今回も極度の緊張状態で手足が震える、といった流れです。この場合、本人はリラックスのためにと思って行う「長時間の入浴」や「早く寝る」といった行為・行動が、本番で極度の緊張を引き起こすための準備行動になってしまうのです。

うまくいかないことが続くなら、まずは行動パターンを顕在化してみましょう。自分の行動パターンが分かったら、そのパターン化した流れを「感情」と「行為・行動」に分けてみてください。「緊張したらどうしよう」と思う気持ちと、「長時間の入浴」「早く寝る」「何度もトイレへ行く」といった「行為・行動」を分けてみてください。「気持ち」と「行為・行動」を分けることができたら、負の自己催眠を断ち切るためにパターンを崩します。パターンを崩すために「行為・行動」を変えてください。これにより負の自己催眠から解き放たれます。緊張を鎮めようと手のひらに「人」と書いて飲みこんでいることで、かえって緊張状態を導いているのかもしれません。気を鎮めようと何度も深呼吸していることが、逆に緊張を高めているのかもしれません。場合によっては緊張を激減させるオープニングテクニックが緊張を高めていたのかもしれません。負の自己催眠を断ち切るために行動を変容してください。
もちろん、うまくいっている場合は行動を変える必要はありません。私の場合、公開授業の前には緊張のため何度もトイレに行きますが、いざ授業を開始すると自然と緊張は収まります。何度もトイレへ行く行為は、むしろ人前で緊張せずに話すためのスイッチとなっているようです。このような場合は行動を変える必要はないのです。

プレゼン・スピーチで極度に緊張するといったことに限らず、自然と悪い自己催眠を掛けてしまっていることがあります。いつも同じような別れ方をして恋愛が続かないなどといった場合などもこの可能性が高いと言えます。うまくいかないことが続く場合は、パターンを顕在化して行動を変えてみてください。きっとうまくいくようになります。

●積極的に正の自己催眠を

あがり症を軽減するために自分で暗示文を作り、普段から読み上げておくことは効果的です。自己催眠であがり症を軽減するのです。自己催眠や暗示文と聞くと怪しいと思う人もいるかもしれませんが、決して怪しい方法ではありません。

心の状態が結果を左右しかねないプロスポーツ選手などは何らかの方法でマインドセットをしています。これと同じようなものと考えてもらうといいと思います。

自己催眠は決して怪しい方法ではありません。あなたの思いをあなた自身であなたの潜在意識へ届ける方法です。自己催眠で「あがらない」といった暗示を入れることで、あがりを回避できるかもしれません。体験者の声を聴くと、きちんと結果が付いてくることが多いようです。

催眠というと何か特別なことだと考える人は多いでしょう。何やらおどろおどろしいことと考える人もいるかもしれません。催眠状態の脳波は、シータ波からアルファ波と言われる状態です。実は誰しも睡眠に入る時と睡眠から目覚める時に、同様にシータ波、アルファ波と言われる脳波の状態になります。つまり、私たちは少なくとも毎日最低２回、眠る時と目覚める時に必ず催眠状態と同じような脳波の状態を経験しているのです。

催眠状態は決して特別な状態ではなく、普段の生活の中で誰もが体験している状態・

現象なのです。電車の中でうたた寝をしている状態に近いと言われていますが、慣れてくると軽く目を閉じただけで自らを催眠状態に導くことができます。目を開けたままでも、リラックスしたまま集中状態を作ることで自らを催眠状態に導くこともできます。瞑想といった状態も催眠状態に近いと言われています。

目を瞑り、リラックスした状態で無心に頭の中で「あがらない、あがらない」と暗示をしてもいいし、開眼したままリラックスした状態を作り、こうなりたいという思いをひたすら紙に書き出しても構いません。暗示文を作ってICレコーダーや携帯電話に録音し、それを何度も聞くというのもいいでしょう。

暗示文と言っても難しく考える必要はありません。以下の3つのルールを守って自分の言葉で文章を作るだけで大丈夫です。

ルール1　一文一文を短くする。
ルール2　一人称でポジティブな文章にする。
ルール3　過去の失敗体験には触れない。

積極的に自分の思いを自分の潜在意識へと届けてください。書店には数多くの自己催眠に関する本が並んでいます。それらを参考にするのもいいでしょう。

面倒くさがり屋さんにおすすめなのが、沖田一希監修「Do! ream」といった携帯アプリです。夜枕元において寝ると、軽睡眠状態になった時に、なりたい自分に近づくためのサポートボイスが流れます。サポートボイスは定型文のほか、自分の声で自分の思いを録音することもできます。こういった便利で有効なツールがあります。ぜひ積極的に活用して、なりたい自分になってください。

●プレゼン・スピーチの４つのレベル

プレゼン・スピーチには、４つのレベルがあると考えます。

①レベル１…分かりにくい、聞きたくないプレゼン・スピーチ

残念ながらプレゼン・スピーチの大半はこのレベルです。大学教授の講義など、人前

で話すことが日常的な仕事の人でさえ、このレベルの人は多いように思います。このレベルを脱却するためには、まず「ヒゲとり」からスタートです。

「ヒゲ」とは、しゃべりの中の不要なものの総称で、次の6つに分類できます。

①「え〜」「あの」「ま〜」などの不必要な間埋め
②「ね〜」などの不必要な語尾伸ばし
③過度の「本当に」「〜じゃないですか」「〜な世界」「〜という形」といった不必要な表現の癖
④因果関係のない「〜ので」、順接のつなぎの「〜けど」「が」
⑤不自然なまばたき、不自然な目線の移動
⑥手足の不自然な癖

②レベル2…分かりやすいプレゼン・スピーチ

プレゼン・スピーチをするうえで、最低限到達したいレベルはここです。このレベルに到達するためには、伝えたいメッセージを考え、話の構成を意識することです。と言っても多くの人々にとっては、これが難しいようです。

まず、あなたが聴衆に伝えたいメッセージを考えてください。次に、あなたの伝えたいメッセージ、あなたの話したいことは相手にとって聞きたいことなのかを考えてみてください。例えば、あなたは「プレゼン・スピーチの達人になるためには、テクニックではなくマインドが大切である」というメッセージを伝えたいとします。ところが、聴衆の皆さんは「プレゼン・スピーチの達人になるテクニックを知りたい」と思っている場合だってあるのです。あなたには伝えたいメッセージがあります。でもそれは聴衆が聞きたい話ではない場合が多いのです。

そこで大事になってくるのが、話の組み立て・ストーリーです。私のおすすめする組み立ては、「まず、聴衆が聞きたい話から入り、最後にあなたの伝えたいメッセージを伝える」ことです。このように話の「入口」と「出口」を設定するだけで、俄然話が分かりやすくなります。後はその流れを考えるという手順で進めてください。多くの人は、伝え方の順序を精査することなしに、ただ話したいことを伝えています。話の「入口」

と「出口」を意識するだけでかなり聞き手のインパクトは違ってきます。

③レベル3…聴き入ってしまう、実行したくなるプレゼン・スピーチ

このレベルに到達するためには、聞き手にプレゼン・スピーチの前後でどんな変化を与えたいかを意識する必要があります。

難しい話を楽しく分かりやすく伝えて、「とにかく楽しかった」という感想をもらうのも成功ですし、聞き手が悩んでいることの解決策を提示し、「悩んでいたことに対する解決策が見つかった」と感想をもらうのも成功でしょう。

何をすべきかを提示し、「これから何をすればいいのかが分かった」と言われれば、そのプレゼン・スピーチは成功です。具体的な行動指針を提示しても、それが難しいととらえられれば失敗です。「自分でもできそうだ」という感想をもらえるようにしてください。

逆説的な話から入り、「今までの常識が覆された」という感想をもらえるようにもっていくのもいいでしょう。いわゆるビフォー・アフターを意識したプレゼン・スピーチ

を目指してほしいと思います。

④レベル４…変える、実行させる、成長させるプレゼン・スピーチ

レベル３が聞き手自身の利益や幸せに焦点を当てたものに対して、レベル４では、このプレゼン・スピーチはあなたの利益や幸せになるばかりでなく、あなたの行動により、あなたのみならず、その周囲の人、さらには社会や未来に影響を与えるということを伝えます。

人間は社会的動物です。自分のみの利益や幸せよりも、自分の行動により自分のみならず、大切な周囲の人に利益や幸せを与え、さらには社会貢献につながり、未来の子どもたちに利益や幸せを与えることができると納得してもらえば、実際に行動するための大きな原動力やモチベーションへとつながります。

●聴衆は正論やロジックのみでは納得しない、動かない

論理を駆使し相手を説得しようとしても、人は意外と動かないものです。プレゼン・スピーチの内容がどれほど正しくても、どれほど理論的であっても、ただそれだけでは人の心は動きません。

塾・予備校でも、授業の内容は決して悪くないのに、生徒・学生の心を動かせない講師がいます。逆に授業の内容は正直今ひとつなのに、生徒・学生の心を動かし、生徒・学生の成績をアップさせる講師がいます。

楽しく盛り上がっている人たちの輪に入ると、なぜかしら自分も心がワクワクする、という経験をしたことのある人は多いでしょう。逆にオフィスに入り、何かいつもと違う雰囲気の悪さを何となく感じる。実は、大失敗が発覚した同僚が、上司から大目玉を食らった直後だったというような経験をした人もいるでしょう。人間には場の雰囲気を察するという不思議な能力があります。

人は感情を揺さぶられてはじめて行動する生き物です。人の心に自分のメッセージを

届けようと思うなら、人に物事を伝えようと思うなら、自らの気持ちを高める必要があります。口先だけでいくら熱い言葉を語っても、人の心は動きません。あなたがそうしてほしいという思い、あなたが正しいと思う気持ちを、ほとばしる感情にのせて語ることで、その思いは必ず相手に届きます。

好意を持つ相手に必死に思いを伝えた経験はありますか。自らの思いを言葉にのせ、相手の目を見つめ、一生懸命、自分の思いや心を届けようとしたと思います。それはプレゼンやセミナーといった複数の人を相手にする時も同じです。どんなに素晴らしい内容であったとしても、正しく言葉にのせるだけでは相手の心に届かないのです。聞き手の一人ひとりの目を見つめながら、相手の心を揺さぶるような強い思いを込めて語りかけてください。聞き手の「感情を揺さぶる」ことではじめてあなたのメッセージが届きます。

●必要なのは共感させる力、感動させる力

共感や感動は、抽象的な概念や美辞麗句を並べた高度な文学表現では得られません。話し手の体験から得た本気の思い、本音の告白など、話し手の人間性が感じられるところから生まれます。

自分の体験や経験をただダラダラと語る大人は多いでしょう。1度目はそれなりに面白い話であっても、酒席などで2度、3度と同じ話を繰り返し聞かされてはたまったものではありません。被害者を通り越し、すでに立派な加害者になっている人もいるかもしれません。たとえ、語り手にとって貴重な思い出話でも、聞き手の心には響かないことは多いのです。

その一方で、やはり私たちは人生における大切なことを、体験や経験を通して学んでいるのは事実です。特に、重要なことは失敗や痛みを通してつかみとるものです。

実は本当に言いたいこと、本当に相手に伝えたいことは、言いたくないことの側にあるものです。人に伝えたい切実な思いほど、惨めで恥ずかしい実体験に裏打ちされてい

るものです。私は大学受験予備校の公開授業などで、学ぶことの大切さを伝えるために、本当は人には知られたくない幼少期の家庭環境や受験時代の情けない出来事を語ります。

プレゼン・スピーチでは経験「を」語るのではなく、経験「で」語ることが大切です。見栄や虚勢を捨てて自身の体験を語ること、そうした姿勢は必ず相手の心を打ちます。

ある目的のために、かけがえのないものを失う覚悟で差し出すことを「賭する」といいます。プレゼン・スピーチでは、あなた自身の恥ずかしく情けなくも貴重な体験を賭してほしいと思います。

第3章　成功するプレゼン・スピーチの技術（応用編①）

●笑いは不要、とにかくラポールの形成

プレゼン・スピーチを行う際に無理に笑いをとろうとする必要はありません。ごく一部の達人を除いて、聴衆から笑いをとるのは至難の技です。よくお笑い芸人のギャグを織り交ぜて笑いをとろうとしている人を見受けますが、何とも言えないシラケた感じになりがちです。ウケをとるどころか、むしろ寒い雰囲気を作ってしまいます。よほど自信のある場合を除いて、お笑い芸人のようなギャグはやめましょう。

私自身、予備校講師として駆け出しの頃、講義のたびごとに、講義開始後何分に今日はこの話をしようと、毎時間笑える話を準備していました。それなりに毎回ウケをとっていましたが、生徒・学生の視線は意外とシビアです。たとえその笑い話がウケようとも、そういった話は予備校講師としての評価には連動しないということが分かりました。

生徒・学生であっても、お笑いで話し手を評価することはないのです。ましてや大人の聴衆の場合はなおさらです。大人が興味を惹かれるのは、知的好奇心の刺激です。お笑いネタを考えるくらいなら、知的好奇心をくすぐるネタを探すべきです。

不要な準備で失笑を買うよりは、プレゼン・スピーチの内容を深めてください。内容が深まるごとに聞き手とより強固な「ラポール」が形成されるはずです。

●ラポールの形成

ラポールとは、セラピストとクライアントの間、医師と患者の間のように、主として2人の間にある「心が通じ合っている」「どんなことでも打ち明けられる」「言ったことが十分に理解される」という『相互信頼関係』を言います。

もともとこのラポールという言葉は、オーストリアの精神科医フランツ・アントン・メスメルが、彼が「動物磁気」と呼ぶものに感応したクライアントとの間に生じた関係を表現するために用いた言葉です。このメスメルの概念と実践の発展が、後のイギリスの外科医ジェイムズ・ブレイドによる催眠術の開発へとつながります。

医師と患者、セラピストとクライアント、催眠術における術者と被験者の関係のように、ラポールはプレゼン・スピーチの話し手と聞き手の関係においても非常に重要なものです。

一般的なラポールは、限りなく対等な人間関係、信頼関係というイメージでしょうが、プレゼン・スピーチの成功の前提条件であるラポールは、限りなく対等な人間関係、信頼関係を築くというイメージよりは、その場を支配する「空間支配力」のイメージとしてとらえることが大事です。

もちろん、プレゼン・スピーチをする側と聴衆は、人間的には対等な関係であることは言うまでもありませんが、プレゼン・スピーチをリードするのは話し手です。話し手が主導権を握り、場を支配することができなくては、プレゼン・スピーチの成功はあり得ません。ラポールの形成、すなわち空間支配力の獲得を心掛けてください。

ラポールの形成には、『権威』と『好意』の2つを同時に獲得する必要があると言われています。

●ラポール形成のための権威とは

医師や弁護士、有名企業の社長など、世間一般に社会的に権威と考えられている印象や肩書を持つ人、このような「社会的な価値観に基づくもの」は、ラポール形成のための権威を持つ人と言えるでしょう。医療人が着用する白衣などは、そうした権威を外見からもアピールすることに有効に機能しています。

お金持ちになりたいと思っている人にとって、すでに大金を手にしている人のように、自分が得たいと思っているものをすでに手に入れている人、「聞き手自身の価値観に基づくもの」も権威の対象になります。

また、今の自分の価値観では測ることができない人、理解することができない人、このような「脅威に基づくもの」も権威になります。スピリチュアルを受容する人にとって、霊媒師や占い師といった存在は強烈な権威となり得ます。目の前で不可思議な現象を起こすメンタリストなども、こうした権威の対象になるかもしれません。

プレゼン・スピーチの際に、特に社会的な肩書も、周りから称賛されるような特技も、飛び抜けた才能も持っていない人はどうしたらいいでしょうか。むしろ、大部分の人たちはそういった状況でしょう。

大丈夫です。もしあなたが営業のプレゼンをするのであれば、あなたはその場の誰よりもその製品のことを知っているでしょう。その場の誰よりもその製品に思い入れがあるかもしれません。結婚式の友人代表のスピーチなら、その場の誰よりもその友人のことを知っているはずです。そういったことを根拠にして、「自信に満ち溢れた」プレゼン・スピーチをすることで、十分に空間支配力としての権威を保つことができます。

●ラポール形成のための好意とは

マインドコントロール系の名著ロバート・B・チャルディーニの『影響力の武器』（誠信書房）によると、人が好意を感じる要因として、「外見」と「類似性」の2つを挙げています。

相手の好意をつかむのも、相手に拒絶されるのも、外見は重要なポイントなのです。

最近のパフォーマンス学では、人は相手を2秒で判断すると言われています。聴衆はあなたをこの短時間で判断します。あなた自身も出会ってすぐに相手をイメージした経験をお持ちでしょう。ほんの短時間で互いに相手をイメージしているのです。

これほど短時間でプレゼン・スピーチの概略を伝え、その内容の良否を判断してもらうなど不可能です。ましてや、これほど短時間であなたの内面のすべてを伝えることは不可能です。相手の心をつかむのも相手に拒絶されるのも、まずは外見と心得ましょう。話をする前に、商品をすすめる前に拒絶されてはたまりません。相手からどう見られているかを常に意識すべきなのは間違いありません。ただ、ここで注意してほしいのは、外見とは単なる服装や身だしなみにとどまらず、表情や身のこなしを含むということです。

とはいえ、外見の良否は個人の主観以外の何物でもありません。それは、今までの人生経験によって培われた感覚によって左右されます。何を美しいと感じるか、どういった見た目に魅力を感じるかは、人によって千差万別です。最低限、拒絶されないことを目指すのであれば、社会的好印象に自分を合わせるのが無難です。

しかしながら、プレゼン・スピーチの達人を目指す皆さんにはむしろ、服装や振る舞いでカリスマ感を演出するなど、積極的に外見で印象操作を行ってほしいと思います。私は50歳を超えるオジサンですが、時にメイクをします。現在、私の勤める予備校では、授業の大部分は収録した映像をインターネットで配信する形式です。その収録の際は必ずメイクをします。また、地方の塾や予備校に呼ばれて行うライブの公開授業の際もメイクをすることがあります。授業を聞いてもらう前に汚いオヤジと判断されて、嫌われるわけにはいかないからです。高校生・大学受験生を相手に授業をする際には、若作りを意識した服装で臨んでいます。最近は体型作りにも気を配るようになりました。私だけではありません。斜陽産業の塾・予備校業界で生き残っている講師達は、「見られていること」と「見せ方」を常に意識しています。

最低限の清潔感を意識しているから大丈夫ということにとどまらず、プレゼン・スピーチの舞台で輝く外見を意識してください。もちろん、単に目立てばいいわけではありませんし、節度を求められて当然です。しかし、横並びである必要もないのです。いい意味で目立つあなたを意識してください。

外見と言うとどうしても視覚に重きを置きがちですが、印象操作を視覚のみに限定する必要はありません。アロマで嗅覚を刺激するなど、視覚・聴覚・嗅覚・触覚・味覚という、五感のすべてを刺激し好意を勝ちとってほしいと思います。

次に、類似性です。「類似性」とは、出身地や趣味、ライフスタイルなど自分との共通点のことです。これらの共通点が多いと感じてもらえると好意を抱いてもらえます。会話での相手の身振り・手振りや姿勢・座り方といった動作に合わせる「ミラーリング」や、会話中に相手の話の速度、声の大きさ、表情に合わせる「ペーシング」といったコミュニケーションスキルは、この類似性を感じてもらうためのものです。

相手の言った言葉を言い返す「バックトラッキング」という手法もあります。こうして類似性を感じてもらうことで、相手の潜在意識に確かな親密感が生まれます。

類似性の中でも最も好意を引き寄せるものは「感情の類似」です。「感情の共有」と考えると分かりやすいかもしれません。感情を共有してもらうためには、自らも感情を伝えていく必要があります。もちろん、今の自分の感情を出す、未来の自分の感情を予想して語ることも必要ですが、聞き手の感情を予想し、過去の自分の感情と重ねるように伝えることが重要です。あなたが自分のことのように相手の感情を共有してあげるのです。

こうすることで、聞き手は「この人もかつては今の自分と同じように思っていたんだ」と感情の類似点を探し、安心や喜びを感じてくれます。自分と同じ価値観を共有したことで、「きっと自分のことを分かってもらえる」と考えてもらえるようになります。

●「つかみ」の目的

聴衆の関心と好意的な姿勢を引き出すことが「つかみ」の目的です。聴衆をハッとさせ、注意を話し手へと惹きつけ、聞こうという気持ちをうまく引き出すのです。聴衆の心をほぐし、聴衆と話し手が心を通い合わせることが目的ですが、単に本題と関係ない驚きを与えることは無意味です。本題とつながりのあるものが「つかみ」であり、「つかみ」は本題の伏線でなければなりません。

地方の塾や予備校に招かれて公開授業、出張講義を行うことがあります。そうした公開授業では、ほとんどすべての生徒や保護者とは初対面です。そんな公開授業の際、司会者から紹介された後、突然、会場を真っ暗にすることがあります。数学の授業がはじまるかと思いきや、暗闇の中でスクリーンに動画が流れます。しかも動画はアニメ調で天使と悪魔が会話をしています。当然ながら、全員がスクリーンに釘付けになります。もちろん、天使と悪魔の会話は単なるお遊びではありません。授業後半で伝える数学の学習の仕方や受験生へのメッセージの伏線なのです。

冒頭に突然、数字のみを板書し、「この数字は君達にとって最も重要な数字です。一体、何の数字でしょうか」と問いかける時もあります。相手にとって意外な数字、興味をそそる数字、インパクトのある数字を探し出し、それを板書し考えてもらうことは、強烈な「つかみ」になります。

聞き手が極度に緊張している時や、難しいテーマを扱う時は、〇×クイズや2択クイズを行うという「つかみ」もあります。次世代教育メンタリストを名乗る私の場合、フォークをぐにゃぐにゃに曲げて見せる時もあります。フォークを曲げて見せるだけなら単なるマジックオヤジとなり、「つかみ」にもならないし、共感を得ることもできません。そのフォーク曲げにメッセージを乗せることが大事になります。フォークを曲げることで金属は硬いという思いを曖昧にします。そのうえで、数学は難しいという思い込みを外してもらうのです。

●「つかみ」で聴衆を非日常へと誘う

プレゼン・スピーチの冒頭で聴衆とのラポール（相互の信頼関係）を築こうと、開催地への思い入れを語る話し手がいます。また自己紹介をする話し手がいます。プレゼン・スピーチの冒頭でこうした話をするのは悪くはありませんが、すでに司会者より十分に紹介されている場合など、ともすると時間の無駄になってしまいます。

買い物をする、映画やコンサートへ出掛ける、大人でもテーマパークへ出掛けるのが好きな人もいます。それらはすべて非日常的な行為です。プレゼン・スピーチの成功のカギは、冒頭で一挙に非日常空間へと誘うことです。一挙に話し手の世界観へと引きずり込むのです。

「つかみ」が成功したか否かは、会場の雰囲気や聴衆の態度ですぐに分かります。「つかみ」が成功すると会場や聴衆の様子が一変します。ざわついていた会場が静かになる、全員が前のめりに話を聞く、興味のなさそうだった人が話を聴く態度になる、反抗的なまなざしだった人の瞳がみるみる輝くなどといったことが実感できるはずです。冒頭の数十秒～数分間の「つかみ」で、聴衆の関心と好意的な姿勢を引き出してください。

●いろいろな「つかみ」

プレゼン・スピーチの冒頭では、まず受講者をぐっと惹きつける「つかみ」で、文字通りその心をつかむことが大切だと言いました。

「つかみ」には、いろいろな種類があります。ここでは具体的にそれらを紹介し、さらにそのポイントを説明していきましょう。

①ご当地話

誰かの縁でプレゼン・スピーチをする機会が与えられた場合は、その人とのつながりや、今回のプレゼン・スピーチに至った経緯を話すのは好感を持たれます。

「実は私、ここ札幌には浅からぬ縁があるんです。父の実家が札幌で、小さい時は休みのたびに祖父母の家に遊びに来たものです…」といった形でスタートします。ご当地話は聞き手に、話し手に対する親近感を抱かせ、場の空気を温めたり、ほぐしたりする効果を期待できます。今の時代、インターネットなどでご当地ネタを拾い集めることは難しくはないでしょう。ただ、忘れていけないのはつかみの目的です。ご当地ネタを本題と結びつけることです。聴衆を非日常へと誘うということも忘れてはなりません。一挙にあなたの世界観へと引きずり込んでください。

②聴衆いじり

会場をあなたの世界観へ引きずり込む手段のひとつに、聴衆いじりがあります。すでに話しはじめた瞬間から、会場全体から好意を感じるときは、客層全体の雰囲気をいじるのもいいですが、会場全体の雰囲気を徐々に温めていかなければならないことが多いでしょう。その場合、話し手をジッと見ながら、頷き頷き話を聞いてくれている反応のよい聴衆に話し掛け、その聴衆と掛け合いをしながら会場全体を温めるのがいいでしょう。

③自身の近況

「最近、生まれてはじめて人間ドックを受けました。結果は異常なしということで、一応、一安心なのですが…。25万円も取られて結局、医者から言われたのは『太り過ぎ』。お金を払って『デブ』って言われに行ったようなものです。そんなこと分かっていますけど…」とか、「心理カウンセラーの仕事を15年しているのですが、最近相談に来る人の傾向が変わってきているんです。相談者の3割が65歳以上の高齢者なんです。で、その相談内容ですが…」といった感じで、自分の近況を語ることをつかみにしてもいいでしょう。自身の近況は、仕事でもプライベートでも構いません。最近の気づきをつかみとして話すのもいいでしょう。

④過去の不幸話・失敗談・赤裸々体験

過去の不幸話や失敗談・赤裸々体験は、自己開示できるギリギリのところまでは開示したほうが、つかみになりやすいです。

「実は私、5年間妻子のいる男性と不倫していたことがあるんです。それがバレて修羅場の末に裁判ざたになりましてね…」

「実はボクは、18歳まで引きこもりだったんです…」

「ボクの人生で一番悲しかった話をさせてください。小学校3年生の時…」

「これまで誰にも言ったことがない話なんですが、実は…」

といった形で自己開示します。自己開示はとてもいいつかみになりますが、会の趣旨や集まっているメンバーを考慮する必要があります。また、そうした体験があるから今があるといったつながりがあってこその開示になります。

⑤旬情報や時事・芸能ネタ・業界裏話情報・トリビアネタ・うんちく話

「最近の政治（芸能界）、びっくりします。この間も…」「これ、ここだけの話にしておいてくださいね。実は…」といった出だしで聴衆を非日常へ誘います。NGなのは、無理に旬のお笑いネタを入れようとすることです。キャラが合っていれば何とか乗り切れるかもしれませんが、合っていなければ玉砕につながることが多く、注意が必要です。

⑥質問・クイズ（相手に質問したり、クイズ形式ではじめる）

「○×クイズ」や「数字を使った質問」のほかに、「皆さん、日本で一番高い山は富士山。これは誰でも知っていますね。でも2番目に高い山を知っていますか?」「『憂鬱』という漢字を書ける方、いらっしゃいますか?」といった形も有効です。

⑦ビジュアル型（一発芸・特技・変装・寸劇を用いた演出）

講演テーマに合った衣装・コスチュームやメイクで、装飾や変装で登場してみます。中途半端よりはおもいっきり奇抜にいきましょう。あるいはいきなり一発芸や特技・寸劇などではじめるやり方もあります。先に紹介したパワーポイントを用いた視聴覚的な効果を狙った演出もここに含まれます。

⑧同意型（相手に共感を求める出だしではじめる）

「あるあるネタ」などはこの範疇です。「男って馬鹿ですよね。この間、女房と初恋の話題になったんですけど…」「女性の勘って、すごくないですか？　この間、夜中に帰宅したときのことなんですけど…」「小学校のころ、勉強はできないのに、道路を走っている車の車種は全部即答できるみたいな子、いませんでした？　ボクは小学校時代、まさにそんな子でした…」といった形です。

⑨逆説・衝撃型

あえてショッキングなデータや言葉、非常識な言葉からはじめて聴衆の関心を引きます。

「実は今から紹介する4つの習慣を、家庭で教えられた子どもと教えられなかった子どもでは、大人になった時、平均で○○万円の年収差が出るそうなんです…」とか、「皆さん、皆さんが誰かと会った時の第一印象というのは、実は最初の2秒で決まってしまっているってご存じですか…」「これからの時代、『顧客第一主義の会社』はつぶれます」といった形です。

⑩利益提示型

「収入アップ、顧客アップ」「節約できる、お金がたまる」「部屋が片づく」「健康になれる、美しくなれる」「脂肪が減る」「仕事や家事がもっと楽になる」「楽して成功できる」「名声が得られる」「不安が解消される」「本日のセミナー終了後には、皆さん全員が、1ページ1秒のスピードで本が読めるようになっています」など、これからの話を聞くことで聴衆が享受できる利益の話からはじめ、聴衆の関心を引きます。

ここでのポイントは、単に「売り上げが伸びます」ではなく、「売り上げが確実に3倍になります」といったように具体的な数字を述べることです。

「高校を卒業する時、恩師が私に贈ってくれた言葉が私の人生を変えました。その言葉は、今日のテーマでもあります。そしてそれは、今度は皆さんの人生を劇的に楽しいものに変えるかもしれません」といった感じで、これから話を聞くことでどんな変化があるのか、どんな楽しい未来が待っているかといったイメージを聞き手に共有してもらうのもありです。

⑪意表・脅迫・恐怖心あおり型

「本日のセミナーは殺し合いになるかもしれません」「本日の内容を知った受講者の何割かは、犯罪者になるかもしれません」

実際に殺し合いになるセミナーなど存在しないでしょうし、もちろん犯罪者を養成するわけではありませんが、いきなり講師がこのような言葉でセミナーをはじめたら、受講者の意識は、確実に講師の次の言葉に集中するでしょう。

「最初に言っておきます。これからの話、生半可な気持ちで聴くなら、今すぐこの部屋から退席してください」「このままだとあなた大変なことになりますよ」など、あえて意表を突くような一言や、脅しともとれるような、恐怖心をあおる話からはじめます。過激な言葉ゆえ、聴衆を一挙に非日常へと誘うことが可能になります。

⑫ロードマップ提示型

聞き手がどこに向かい、いかにそこに到達するかをまず示すことからはじめます。「今日は皆さんに３つのストーリーをお話したいと思います。それだけです。それは３人の偉人のお話です…」といった感じです。

⑬成功体験・エピソード・言葉・法則

「私どもの会社も、おかげさまで○周年を迎えることができ、昨年度は年間売り上げ１００億円を達成することができました…」などと自身の成功体験からスタートしたり、「議論に勝つにはどうしたらよいでしょうか。『人を動かす』で有名なデール・カーネギーはこう言っています。『それは議論を避けることだ。議論はほとんど例外なく、双方に、自説をますます正しいと確信させて終わるものだ』…」などと、第三者の言葉やエピソード、法則などを引用して信頼を得ることからはじめる方法です。

⑭ストーリー型

伝えたいテーマに関連するエピソードを、感動的なストーリーで語ることからはじめる方法です。ストーリーで惹きつけるためのコツは、セリフを入れ、感情を込めて語ることです。また、ストーリーの中で自分の共感したポイントを明らかにし、そのポイントにどのように共感したのかを気持ちを込めて語ってください。話の順番・構成・中身の取捨選択を考えることも大事です。

●話の展開法

聴衆の気持ちをつかんだ後は、いよいよ話を展開させます。ここでは話の展開に有効な手法を紹介します。

①PLEWPA法

プレゼン・スピーチで最も多く使われる手法です。ポイント（Point）→論理（Logic）

↓具体例（Example）↓手順（Way）↓要点（Point）↓その後（After）の順に展開します。

「今すぐ○○しましょう」と要点を一言で述べた後、論理的な説明を加えます。論理的な部分を語るところでは、「問題点を示した後に解決策」を述べたり、「利点から用途」を述べたり、「理由から利点を述べて、さらに使用者側の恩恵」を述べるといった流れがいいでしょう。

論理の後は具体例を用いて話を修飾します。「一理三例」と言われるように、１つの理由に３つの例を挙げることができればベストです。「比喩・たとえ」を使う場合は正反対のものを挙げるといいでしょう。例えば、「目に見えるものに対して目に見えないもの」「身近なものに対して身近でないもの」「抽象的なものに対して具体的なもの」といった感じです。正反対に見える両者の中に共通点を探し出し、それを示すのです。

「具体例」は自身の体験を語る場合と他者の体験を語る場合がありますが、他者の体験を語る場合は固有名詞を出したほうが、よりインパクトが強くなります。「データ・数字」を示す場合は、「すごさ」や「意味」が分かるようにしてください。いかにイメージしやすい表現に直すかがポイントです。

その後、「それをどのような方法・手順で行うのか（Way）」を示し、再度「要点」を繰り返します。「今すぐ○○しましょう」といった形です。「もしあなたが○○するなら、きっと△△を実現することができるでしょう（After）」と将来像をイメージさせます。

②EP(E)法

いきなりエピソード（Episode）や具体例（Example）から入り、最後にポイント（Point）を述べます。最後のポイントは話の結論です。オチで締めるという展開でもいいでしょう。プレゼンやセミナー、結婚式のスピーチなどで使いやすい流れです。

聞き手にとってとっつきやすい、興味を引くエピソード（Episode）や具体例（Example）から入り、一度ポイント（Point）を述べた後、さらに、よりつっこんだ専門的なエピソード（Episode）や具体例（Example）を述べる、という展開の仕方もあります。

③QEP法

「質問（Question）」→「エピソード（Episode）や具体例（Example）」→「要点をまとめる（Point）」といった流れで展開する方法です。

④PSAP法

これもプレゼン・スピーチでよく用いられる手法です。

この方法ではまず、「利益（Profit）」を提示します。利益は人の行動原理です。つまり行動する理由になります。利益には２つのタイプがあります。１つは苦痛を避けることができるもの、もう１つは快楽を得ることができるものです。苦痛を避けることは快楽を得ることの２倍の行動を促す力を持つと言われています。可能であれば「痛みの和らげ」と「快楽の獲得」といった両方の利益を提示するとよいでしょう。

利益を提示した後は、その「特色（Speciality）」と「利点（Advantage）」を述べます。「特色」とは、ほかとは異なる、ほかにない客観的スペックのことで、この特色によって何ができるかが利益になります。

そして最後にもう一度、「利益（Profit）」を述べます。例えば、「それまで携帯音楽プレーヤーといえば○○○。これはプレーヤーと一緒に聴きたいCDを何枚も持ち運ばなければならず大変でした。でもこの△△△の登場で、もうCDを持ち運ぶ必要はありません。あなたの音楽ライブラリーのすべてが、この手のひらサイズに（利益）、50ギガバイトという大容量を保存することができます（特色）。これはCD300枚分に相当します（利点）。もうCDを持ち運ぶ必要はありません。貴方の音楽ライブラリーのすべてがこの手のひらサイズに納まります（利益）」。

⑤箇条書き法

これもプレゼン・スピーチでよく用いられる手法です。「人間関係を改善する方法は、3つです。まず第一に…」といった形で進行します。箇条書きは3つがよいとされています。

⑥サビアタマ法

「『殺してくれ』。それが、僕が最後に彼に言った言葉です。３年前のことでした…」「講師経験ゼロからのスタートでも、誰でもカリスマ講師になれます。実は私自身が、カリスマという言葉とは最も縁遠い人間だったのです…」といったように、あえてクライマックスや、一番言いたいことを冒頭に持ってくる手法です。唐突に「一見、関係のない話」を持ってくることも有効です。例え話やエピソードは、あくまでも演出として意識したうえで、とことん詳細にこだわることで臨場感やリアリティが生まれ、聴衆を惹きつけることができます。

出典や情報源を明らかにして、具体例では「固有名詞」や「数字」を出してください。プレゼンなどの場合、今、全体の中のどのあたりを話しているのか、常に聴衆が分かるように説明をすることが大事です。

●聴衆のマリオネット化を目指す

プレゼン・スピーチの成功・不成功は、聴衆を見ているとすぐに分かります。うまいプレゼン・スピーチは聴衆が話し手、もしくは話し手の誘導する方向へ視線を動かします。まさにマリオネットのようです。

これは話し手の指示が聴衆に確実に伝わっている証拠です。聞き手の状況を伺うことなしにプレゼン・スピーチを1人で淡々と進める光景をよく見かけますが、おすすめはできません。話し手主導で話し手と聞き手の一体感を作ることを心掛けてください。そのためプレゼン・スピーチを主導する話し手は、言葉に出してはっきりと聴衆に指示を出すことが必要です。落ち着いた態度で、相手にきちんと身体を向けた姿勢で、「こちらのスクリーンをご覧ください」「このように右手を挙げていただけますか」「次にお手元の資料をご覧ください」といったように的確に指示を出しましょう。

また、非言語による一体感作りも重要です。非言語で特に重要なのは「視線」と「表情」です。ときどき視線を左右前後に動かすとさらに安定感が増してきます。会場を縦

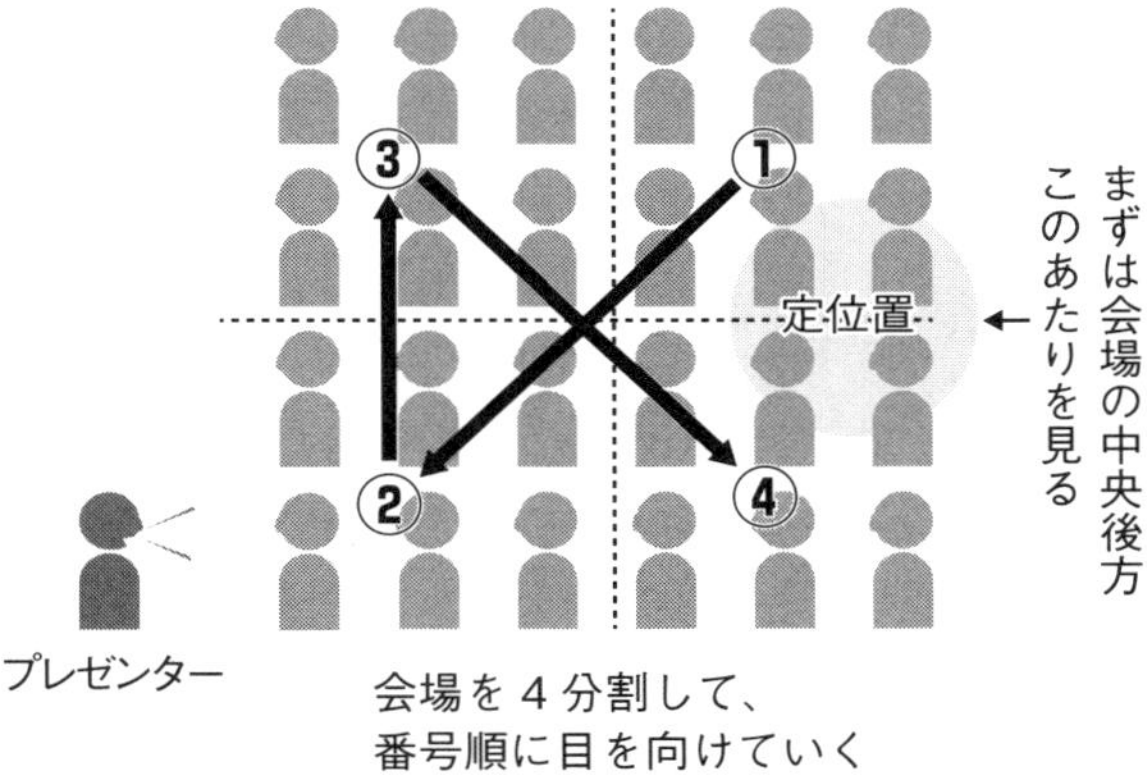

横に４分割し、それぞれに順次、視線を向けていきます。①後方左、②前方右、③前方左、④後方右の順に目線を移動させていき、最後に再び後方中央の定位置に視線を戻します。この視線の移動と連動して身体の向きを変えます。そうすることで会場全体を統括している雰囲気を出せます。

さらにワンフレーズごとに口角を上げる表情を作ることで、圧迫感や威圧感がなくなり、柔らかな温かさを感じさせることができます。

言語と非言語で聴衆をマリオネット化した安定感のあるプレゼン・スピーチを目指しましょう。

●パラダイムシフトを起こせ

1つの線上を歩いている蟻がいるとします。その1本の線の上がその蟻の住む世界です。その線と平行して上にもう1本線があり、その線上で生活している蟻がいるとします。その1本の線の上がその蟻の住む世界です。横から見ている私達は、その2匹の蟻をそれぞれ認識できても、2匹の蟻同士はお互いにその存在を認識することができません。突然、上の線が途切れ、上の蟻が下の線に落ちてきたらどうでしょう。下にいた蟻は何が起こったか分かりません。これがパラダイムシフトのイメージです。

パラダイムシフトとは、その時代やその分野において当然のことと考えられていた認識や思想、社会全体の価値観などが、革命的にもしくは劇的に変化することを言います。

プレゼン・スピーチでパラダイムシフトを起こすことができれば、そのプレゼン・スピーチのインパクトは相当大きく、大成功でしょう。

「既存の概念、観念に180度違うものを加える」ことで、パラダイムシフトを作り出すことができます。かつてベストセラーになった大学受験参考書に『数学は暗記だ！』

（和田秀樹著）という本がありました。この本のタイトルは、積み重ねの学問であると思われていた数学に、そのイメージと１８０度異なる「暗記」というワードがプラスされたものです。

　このようにタイトルを考え、内容を持たせることで、そのプレゼン・スピーチは俄然面白いものになります。

第4章　成功するプレゼン・スピーチの技術（応用編②）

●感情で惹きつける

話に引き込むコツの1つは感情を込めて話をすることです。理路整然とした話をすることよりも確実にあなたの思いやメッセージが聴衆に届きます。ひとたびプレゼン・スピーチをはじめたなら、そこは演劇の舞台・ステージ、ドラマや映画の撮影現場と思ってください。そのステージや撮影現場であなたは役者として演じるのです。悲しい気持ち、がっかりとした気持ち、虚しさ、焦り、楽しさ、嬉しさ…、喜怒哀楽を極端にオーバーなくらいに表現するのです。極端にオーバーなくらいでいい。それではじめてあなたの気持ちが聞き手に伝わり、聞き手の心を震わすのです。

もちろん、激しい表現とともに心の中にも激しい感情が沸き上がるのが理想ですが、まずは演技でいいので、感情を思いっきり表現することを意識してください。

●説得力を高める「抑揚」と「間」

プレゼン・スピーチの原稿を用意してください。進行の頭から終わりまでのすべての原稿は必要ありません。Ａ４判用紙１枚くらいの内容の原稿で十分です。過去に使用したものでも構いませんし、これから使う原稿でも構いません。しばらくプレゼン・スピーチの予定のない人は、書籍などから気に入った文章を選んでも構いません。その際はメッセージ性のある部分がいいでしょう。

使う原稿は、短文と短文でつながっているでしょうか。原稿を書く段階では書き言葉を使ってしまい、ついつい長い文章になりがちです。プレゼン・スピーチの原稿は短文と短文でつなぐほうが相手に伝わりやすく、一文一文が説得力を持ちます。もし、短文でつなぐ形になっていなければ書き直してください。書籍などから文章を抜粋した場合も、同様に短文と短文でつなぐ形に書き換えてください。

短文でつながっている文章の準備ができたら、その文章を黙読してみましょう。あなたの作った文章、あなたがまとめ直した文章から、あなたの伝えたいメッセージがきちんと伝わるでしょうか。前後関係に問題はないでしょうか。黙読して特に問題がなければ、次に音読をしてみましょう。

音読では一つひとつの言葉をイメージしながら、滑舌に注意して読んでください。読みながら、強調するべき言葉と読み流す言葉を考えてください。強調すべき言葉は相手に届けたい言葉です。そして、その場所にはチェックを入れておきます。

チェックを入れたら再度読み返してみます。読み返す際にはチェックを入れた場所に抑揚を付けます。抑揚を緩急と理解しても構いません。

抑揚の付け方が分からないという人は多いと思います。その場合は次の3つを意識してください。

①強調したい言葉をゆっくり強く発音する
②強調したい言葉を高めの声にする（その前後を低めの声にする）
③強調したい言葉の前に「間」をとる

この3つを意識しただけで簡単に抑揚を付けることができます。

プレゼン・スピーチでは「間」のとり方は非常に重要です。一般的に「間」が少なすぎるような気がします。音読の際は「間」のとり方にも意識を払ってください。抑揚をつけるため、強調したい言葉の前に入れる「間」は呼吸を整える3秒程度です。

重みのあるフレーズの後には、アイコンタクトをしながら5秒ほどの「間」を入れてください。話の転換期には7秒程度の「間」を入れることで、聞き手にとってより理解しやすいプレゼン・スピーチになります。

●さらに説得力を高める「声のトーン」と「ジェスチャー」

英語が分からない人でも、あの有名なキング牧師の演説やオバマ大統領の就任演説を聴くと、「勇気」や「希望」「熱い思い」といったポジティブなイメージを感じとることができるのではないでしょうか。たとえ、話の内容がどんなに希望に満ちた未来志向型のものであっても、声のトーンが低く、弱々しいものならば、未来を感じることはできないものです。

話の内容以上に、声のトーンは重要なのです。ポジティブな言葉は明るく、ネガテネガティブな言葉は抑え気味に声のトーンを変えることが大切です。

「チャンス」という単語から、自然と握りこぶしを作るような「ジェスチャー」が付くように、それぞれの単語のイメージを膨らませて、自然と声色が変わったり、身体に動きがつくようにしたいところです。

ジェスチャーは言語に比べて、厳密性・正確性・修飾性といった意味においては劣るものの、身振り手振りによる視覚刺激は感情や意思のダイレクトな伝達を生み出しやすいと言われています。自然とジェスチャーが出ない場合は、意識的に身体を使って表現するようにします。そうすることで自然と声も大きくなり、聴衆には堂々とプレゼン・スピーチをしているように映ります。

●ジェスチャーテクニック

ジェスチャーはスピーチ・プレゼンに動と静のメリハリをつけるための重要な手段です。手足の不自然な動きの癖とジェスチャーは似て非なるものです。手足の不自然な動きの癖は、むしろ聴衆の集中力を奪います。自分で意識せず、こうした余計な手遊びや体の横揺れが出る人は多いので、注意が必要です。

同じ体の横揺れでも、それが間を意識したり、話し手に注意を向けさせるために意識的に行われている場合であれば話は別です。むしろそうした動きは効果的に働くでしょう。不要な手足の動きはなくても、両手を組んだままのプレゼン・スピーチは聞き手に敵対のイメージを与えるでしょうし、休めの姿勢のまま話をしたり、演台に両手を置いたままのプレゼン・スピーチも印象の悪いものとなるでしょう。

キャラを立てるために大げさに動くことはやぶさかではありませんが、通常はジェスチャーといっても体操のお兄さんのように大げさに動く必要はありません。わざわざ大きく飛び跳ねずとも、膝を屈伸させるだけで聴衆の目には大きな動きに映るものです。

ジェスチャーでは、肘から上を意識するとよいでしょう。理性や知性を感じさせたい場面ではシャープに、指先を決して曲げず真っ直ぐにして、ピッピッと動かします。情や共感を求める場面では円を描くイメージで、肘から上を舞うように動かします。熱気を伝える場面、強く意見を伝える場面では握りこぶしを作って、その握りこぶしを小刻みに震わせると思いが伝わります。特に、ホワイトボードや黒板に文字を書いた後、その文字を指すジェスチャーには注意を払ってください。板書が何倍にも活きてきます。

ハンガーテクニックも聴衆に安心感や信頼感を与えるための有効なテクニックです。

ハンガーに吊るされているスーツを想像してください。顔はまっすぐ前を見据えたまま、そうしたイメージ通り、あたかも背中にハンガーが入っているかのように、両肩をできる限り広げます。常にこの三角形を意識して、横に視線を移す時も、目や頭のみを動かすのではなく、頭と一緒に両肩を動かします。こうした体の動きで聴衆に安心感・信頼感を与えることができます。

これらのことを意識するだけで、ジェスチャーは非言語ながら、時に言語以上の意思伝達手段になり得るのです。

●スリーサークルテクニック、プラスワン

プレゼン・スピーチの際の主役はもちろんあなたです。しかしながら、その場にいる

聴衆もまた主役です。聴衆が単なるお客さまになっているプレゼン・スピーチは盛り上がりに欠けます。いかに感情を共有できるか、いかに思いを共有できるかがプレゼン・スピーチの鍵になります。

聴衆に当事者感、臨場感を持ってもらうために有効なのが、自分の周囲に３つの同心円を想定して話をする「スリーサークルテクニック」です。

会場の大きさにもよりますが、自分の一番近くの円、ファーストサークルは自分を中心に半径50センチほどのところでしょうか。個人的なエピソード、自分だけの世界について語る時はこのサークルに視線を落として話をします。すでに起きた出来事を回顧するかのように、目線をこのサークルに落として伏し目がちに、時には横目目線で話をします。目を閉じて話しをするのも効果的です。

ファーストサークルがモノローグの輪であるのに対して、セカンドサークルはダイアローグの輪です。相手と１対１で会話しているイメージを醸し出すのに有効です。自分を中心に半径１メートル程度、大きな会場であれば半径３メートルのサークルを想定します。このサークルに目線を配りながら、喫茶店で目の前にいる親しい人にくつろいで話しかけているイメージで語ります。

サードサークルは聴衆全体に対して語りかける時の輪です。会場全体を覆うサークルを想定し、周囲のみならず、サークルの内部にも目線を配りながら、あなたの思いを語ります。プレゼン・スピーチの初心者はこのサードサークルが会場全体を覆いません。聴衆全体に語りかけるわけですから、会場全体を覆うことを意識してください。

サードサークルはファーストサークル、セカンドサークルがあってこそ活きてきます。プレゼン・スピーチの内容を構築する際にファーストサークル、セカンドサークルを活用できる話の組み立てを意識することが大切です。プレゼン・スピーチでは絶えず、心地よいバランスでこの3つのサークルに向けた目線の移動を交互に繰り返します。

希望・夢・ビジョンを語る際にはスリーサークルにプラスワン、もう1つテクニックを加えます。演台から正面を臨み、目線を会場後方ではなく、やや上向き方向に向けた恍惚目線です。この恍惚目線で語ることで数段迫力がアップします。

●言葉の選択で惹きつける

ミャーミャー、ワンワン、カアカアなどの動物の鳴き声、ガチャン、ドカンなどの破裂音や衝撃音、「心臓バクバク」の「バクバク」など、モノが発する音を字句で模倣した「擬音語」や、雪が「シンシン」降り積もる、炎が「ユラユラ」揺れる、「バラバラ」に散らばったなど状態や感情などの音を発しないものを字句で模倣した「擬態語」を総称して、オノマトペ（擬声語）といいます。実は日本語はこのオノマトペの数が世界一と言われています。

英語のオノマトペはtwinkle（キラキラ）など、わずか２００～３００程度ですが、アップル社の共同設立者の１人、プレゼン・スピーチの達人として有名なスティーブ・ジョブズ氏は、毎回のプレゼン・スピーチで多量のオノマトペを使ったそうです。オノマトペを駆使したからこそ、多くの感動的で説得力のあるプレゼン・スピーチが生まれたのかもしれません。

日本語はほかの言語に比べて動詞や形容詞が少ないと言われています。この言語体系を補うために、動詞に副詞をつけて様子を表すようになり、オノマトペが発達したという話を聞いたことがあります。

また、英語の音節（音のかたまり）は8千とも3万とも言われていますが、日本語の音節はアイウエオの50音に、ガ行などの濁音、パ行の半濁音、ニャなどの拗音を合わせてもわずか112しかありません。この貧弱な音節を補うために「イライラ」や「ムカムカ」といった反復型二音節のオノマトペが多数生まれたと聞いたことがあります。

オノマトペの発達の理由は定かではありませんが、いにしえの時より、日本人は自らの感性をオノマトペにのせて語り合っていたのは事実です。平安時代の「今昔物語」に出てくるオノマトペの53％は1千年経った今でも使われています。「感涙に咽ぶ」といった表現も綺麗ではありますが、泣くといった動詞に「しくしく」「さめざめ」「おいおい」「えんえん」「ほろほろ」といったオノマトペを補うことで、情景や情感がより伝わりやすくなります。

日本語を母国語としている日本人であるなら、オノマトペとその効用を積極的に利用しない手はないでしょう。

「冷えた料理も電子レンジにかければでき立ての味を楽しめます」よりは、「冷えた料理も、チンしてサクサク」のほうが食欲が増すでしょう。仕事中に「冷えた生ビールをご用意してお待ちしています」と耳打ちされても理性的に対処できますが、「生ビール、キンキンに冷やしておきますすネ」だと、今すぐにでも訪問したい衝動に駆られるかもしれません。「今夜仕事の後、よかったら飲みに行きませんか」であれば、冷静に仕事を続けることができますが、呑兵衛の私は「今夜仕事の後、グイグイッと行きませんか。んでもってパァ〜っと」と誘われれば、もはや理性は吹っ飛んでしまいます。

日本語のオノマトペは３千を超えると言われています。主な食に関するオノマトペを列記します。食に関するものだけでも、ゆうに１００種類を超えているそうです。

「シャキシャキ」「まったり」「こんがり」「しこしこ」「とろり」「つるり」「さらさら」「ふわふわ」「カリカリ」「サクサク」「しゃりしゃり」「こりこり」「ふっくら」「しっとり」「ホクホク」「ギトギト」「ねばねば」「かすかす」「ぷりぷり」「バリバリ」「こってり」「ずるずる」「ねっとり」「パサパサ」などです。

笑いに関するオノマトペも豊富です。笑いに関する主なオノマトペを列記します。

「けらけら」「からから」「がはがは」「げらげら」「げたげた」「いひひ」「うふふ」「あはは」「わはは」「えへへ」「がはは」「あはっ」「うふっ」「おほほ」「くすっ」「にっ」「にこっ」「にたっ」「にやっ」「ふにゃ」「くすり」「にっこり」「にたり」「にやり」「にっこにこ」「にやにや」「いひいひ」「ひひひ」「あはあは」「へらへら」「けらけら」「うひゃうひゃ」「うひょひょ」「げへへ」

オノマトペは感情を強調する時にも使います。

「お会いできるのをワクワクして待っています」

パワーポイントなどを使いながら、「では第一位です。ドンッ」

オノマトペに感情をのせてきちんと声に出すのがコツです。

●「壁ドン」の効果

人の心に無意識の領域、いわゆる「潜在意識」があることを発見したのは、心理学の父とよばれるジークムント・フロイトです。普段、私たちが認識する意識、すなわち

「顕在意識」と、無意識の領域である「潜在意識」の力の比率はしばしば氷山で例えられます。

水面上に見える部分が「顕在意識」、水面からは見えないが水面上にある部分よりもはるかに巨大な水面下の氷の塊が「潜在意識」です。無意識領域である「潜在意識」は、「顕在意識」と比べてはるかに大きな力を持つと考えられています。プレゼン・スピーチの成否といったレベルではなく、人生の成否を分けるものは学でも才能でもなく、「潜在意識」であると言う人すら存在します。

「潜在意識」は大きな力を持つうえに、とても素直な存在です。私たち催眠術師は、「潜在意識」にアプローチを仕掛けて被験者に催眠術をかけます。あらかじめ顕在意識がしっかりと働く段階で握りこぶしを作ってもらい、ある種の方法で顕在意識のスキを突き、潜在意識に直接働きかけて催眠状態に導きます。「石のように手がガッチに固まり、手を開くことができません」と言うと、不思議なことに手を開くことができなくなります。「顕在意識」では「おかしい、そんなはずはない」と思っても手を開くことができません。このように「潜在意識」はとても素直な存在なのです。

「潜在意識」が大事で、「顕在意識」が大事でないと言うわけではありません。「顕在意識」は現実の生活において必要な、時には生死にかかわるようなさまざまな判断を掌る役割を持ちます。巨大な力を持ちながら、とても素直な「潜在意識」が、マイナスの情報で操られないよう門番の役割を担うのも「顕在意識」の大事な役割です。

一時期流行った「壁ドン」。男性が女性を壁際に追い詰め、壁をドンと叩いて愛を告白する、美男美女の演じるドラマや映画で格好よく決まるこのシーン。これを実際に行うことは勇気のいる行為かもしれませんが、この「壁ドン」は相手に気持ちを伝えるうえでとても理に適った行為です。

催眠術には「驚愕法」と呼ばれる手法があります。急に大声を出すなどで相手を驚かすことで、門番である顕在意識のスキを突き、素直な潜在意識へとダイレクトにアプローチして相手を催眠状態へと導くのです。

前述の「壁ドン」では、壁を強く叩くことで相手を驚かせ、相手の顕在意識のスキを突き、素直な潜在意識へと直接アプローチすると考えるならどうでしょう。愛する思いがストレートに伝わることでしょう。愛の成就の可能性は格段に上がるでしょう。

●禁断の３つの引き込みテクニック

前述の「驚愕法」をプレゼン・スピーチに利用するのはどうでしょう。そうすることで俄然、聴衆を引き込むことが可能です。「驚愕法」というネーミングにおどろおどろしさを感じる人がいるかもしれませんが、優れたスピーカーは自然とこうした技法を使用しています。私たちはそうした技法を意識的に使用するにすぎません。

大事なところでホワイトボードを叩くのもよし、手を叩いて大きな音を出すのもよし、聴衆の中に混じって語り、「どうですか、そうは思いませんか」と急に大声で、聴衆に同意を求めるのもいいでしょう。聴衆の前を通り過ぎるふりをして、振り向きざまに同意を求めるのもいいでしょう。

ただし勘違いしないでください。驚かすのが目的ではありません。相手を驚愕させ、顕在意識のスキを突いて、あなたの伝えたいメッセージを潜在意識にダイレクトに届けることがこの手法を使う目的です。驚愕させることと同時にあなたの伝えたいメッセージをきちんと伝えてください。

また、「凝視法」というテクニックもあります。人間は1点を集中して見つめることで、門番の役割を担っている疑り深い顕在意識が外れます。催眠術の際には本人の指先などを凝視してもらいますが、プレゼン・スピーチではどうでしょう。プレゼン・スピーチ中に聴衆一人ひとりに自分の指を見つめてもらうのはあまりに不自然です。聴衆に見つめてもらうのは、そう、あなた自身です。あなた自身に集中してもらうことはプレゼン・スピーチを行う際にとても重要です。

ところが、パワーポイントを見せることに必死であっても、スピーカー自身を積極的に見てもらおうとする人のいかに少ないことか。パワーポイントは添え物であって、パワーポイントが主役であってはいけません。少なくとも大事なメッセージを伝える場面では、パワーポイントに頼ることなく、あなた自身が主役になってください。

聴衆があなた自身を見ることから集中力が途切れないように、あなたは絶えず、聴衆の注意を向けてもらえるように動く必要があります。ほかに意識が向くようなものは排除してください。無意識のうちに聞き手の視界に入る腕時計は必ず外してください。可能であれば、会場をやや暗くしてスポットライトを当ててもらいましょう。神社や仏閣などで執り行われる式典や祭礼では、周囲を幕で覆ったり、篝火を焚いたりしますが、まさにこれらは凝視法と同じ効果を狙ってのことでしょう。参加者が式典や祭礼に集中せず、気もそぞろといったことにならないようにという、先人の知恵と言えましょう。基本的に、手配りの資料は作りません。資料が必要な場合は、配るタイミングを考えたり、視線を資料に落とされないような工夫をしてください。

聴衆に集中してもらい、こちらへ引き込むもう1つのテクニックは「混乱法」です。混乱を誘って、ほかへの思考を遮断し、こちらの話に集中してもらうのです。

具体的には、最初はスピーチ・プレゼンのスピードをゆっくり目にして、ノート等をきちんと取ってもらいます。そして、中盤から一挙にトップスピードへと入ります。ノートが取れるか取れないかのスピードまで一挙にスピードアップをするのです。人間一度はじめたことを途中でやめることには抵抗が芽生えるものです。必死になってノートを取ろうと集中します。ノートを取るために必死になってこちらの話に耳を傾けるのです。この段階では、もはやほかの思考が入る余地はありません。

この3つの禁断の引き込みテクニックを使うことで、聴衆のあなたの話に対する集中度は格段に上がります。また、集中してもらうことで顕在意識のレベルが低下し、あなたの伝えたいことは潜在意識レベルまで一挙に入り込むのです。

第5章　成功するプレゼン・スピーチの技術（実践編）

●大人数で成功するプレゼン・スピーチメソッド

大人数の前でプレゼン・スピーチをする場合、会場全体がノリノリで反応がいい時は別として、とかくペースを見失いがちになります。話し手の視線はうつろで、ただ宙を見つめて話すか、ひたすらスクリーンとにらめっこしながら話すといった形になりがちです。大人数のプレゼン・スピーチが失敗に終わるのは、話し手がターゲットを見失い、聴衆も語りかけられている気がしないケースです。

大人数の場合は、会場でうなずきながら聞いてくれている人を1人見つけて、その人をペースメーカーに話をしてください。余裕が出てきたらもう1人熱心に話を聞いてくれている人を見つけてください。できれば会場の左右に1人ずつ、そうした人を見つけたいところです。左右交互に身体の向きを変えながら、その2人にだけ理解してもらうつもりでプレゼン・スピーチを行ってください。余裕が出てきた段階で、第3章で紹介した4分割法で会場全体に視線を送るようにします。

会場全体に視線が届くようになると、きちんと聞いていない人、寝込んでいる人も目に入ってきます。かつての私はそういった人たちもプレゼン・スピーチの輪に入れようと過度に力を入れたものですが、ことごとくうまくいきませんでした。むしろそうした人たちに過度に気を遣うと、ペースや場の空気が淀み、きちんと聞いてくれている人達にも悪影響が出てきます。１００人中90人にそっぽを向かれているなら、あなたのプレゼン・スピーチに問題があります。でも１００人中90人が参加してくれているのであれば、その中でも特に熱心な人達にこそ心を配ってください。そうすることで全体からの評価も上がります。

●難しい内容を伝えるプレゼン・スピーチの技術

意外と曲者なのは専門用語です。その分野にいるといつしか専門用語が日常使う言葉かのように馴染んでいるため、専門用語であることを忘れがちです。専門用語を当たり前のように使ってしまいがちなので注意が必要です。もちろん、学会など専門家の集団でのプレゼン・スピーチであれば、専門用語を使う必要があります。それ以外の場では専門用語を分かりやすい言葉に置き換えるか、専門用語を分かりやすく説明したうえで使用します。「ちょうど耳の穴の前あたり、浅側頭動脈の走行に沿って」と言ったように一般の人達が分かる用語と専門用語を並列して語る「二語用語」の手法を使うことで分かりやすい説明の中にプロの雰囲気を醸し出すのもいいでしょう。

物事を理解する時、私たちは頭の中ですでに分かっているものと関連づけてイメージしたり連想をします。難しい内容を伝える場合には、イメージや連想がしやすいような具体例や実例を挙げるといいでしょう。難しい体系なり理論は具体例や実例でサンドイッチにすると理解しやすくなります。

「冷たいものを飲んだり、食べたりしたとき歯がしみることってあるよね（具体例）。実は歯の中には神経と血管があって、その部分は歯髄と言って、この歯髄に何らかの刺激が加わることによって発生する炎症を歯髄炎と言うんだ（理論）。歯が急に痛みだして辛い思いをしたことあるよね。そうあれだよ（具体例）」

このように実例（具体例）→理論、体形→実例（具体例）とすることで、一気にイメージしやすくなります。

●「伝えたいメッセージ」が「伝わる話」になるための必須条件

話のはじめと終わりで伝えたいメッセージが変わってしまっているスピーチを耳にすることが多いと思います。「何を伝えたいのか」、伝えたいメッセージを明確にすることを意識してください。伝えたいメッセージが決まったら、そのメッセージをより明確に印象深く伝えるためのエピソードや事例を選択し、さらに全体の構成を考えます。

また、「誰に伝えたいのか」を意識することも大切です。原稿の段階で対象によって話すエピソードやポイントを変えます。話ながらでも、聞き手の反応を見てエピソードを変える必要もあります。注意すべきことは自分の持っている人間関係を含む背景や知識・情報といった前提となるものを、聞き手も同じレベルで持っているとは限らないということです。同様に、自分が関心のあること、大事だと思っていることを聞き手も同じように関心があるとは限らないということです。これを頭に入れて話さないと、話が通じなくなります。

「伝わる話」になるためには、自分しか経験したことのないことが入っているか、もしくは他人と同じ経験でも、自分なりの気づきや思いが入っていなくてはなりません。「ハァ～」「ヘェ～」「ホゥ～」といった共感や驚き、受講者にとっての学びをどれだけ盛り込めるかが勝負です。受講者の疑問点をどれだけ学びに変えることができるか、「?」をどれだけ「!」に変換できるかを意識してください。単なる苦労話では意味がありません。明確に聞き手が持ち帰ることのできるお土産を用意してください。

話し手はついつい自分の思い入れを語りたくなりますが、それではいけません。「どうやってうまくやっているの?」「どうやったら○○できるの?」といった聞き手の関心を主体に話を構成してください。そのためにはどれだけ中身をそぎ落とすかといったことも大事になります。

話の「入り口」はできるだけ敷居を低くし、誰しもが食いつきやすい事例、たとえやエピソードからはじめ、そうしたエピソードや事例で納得させせた後、伝えたいメッセージを最後に持ってくるほうがいいでしょう。

●表現の技法・テクニック

印象的なプレゼンテーションというのは、前項までで紹介した構成・展開において、それが明快、巧みであるだけでなく、

①　話自体が面白い、分かりやすい
②　言っていることに説得力がある
③　表現・言い回しが独特、言葉に力がある

といった特徴があります。

そこで、あなたのプレゼンテーションをさらにグレードアップ、パワーアップさせてくれる効果的な表現の技法・テクニックを、ここで紹介しましょう。

①断言法

断現法は「～かもしれません」「～しましょう」といったフレーズから、「～になる」「～しないでください」といった断言フレーズや命令フレーズに変えて、言いきってし

まうテクニックです。作り方のポイントは語尾を断言形・命令形に変えるだけです。

「健康のために体温を上げましょう」より「体温を上げると健康になります」「長生きするために野菜をとりましょう」より「早死にしたくなきゃ肉は食うな」と言ったほうがインパクトが増します。もし、具体的な数字を明示できるなら、さらにインパクトは大きくなります。「顧客数アップのためのご提案」より「ご提案したシステムの導入で、顧客数は7パーセントアップします」といった感じです。「健康診断はあまり信用できないかもしれません」よりは「健康診断は受けてはいけません」「健康診断を受けると早死にする」とか、「テレビは子どもの脳の発育によくありません」よりは「テレビを見ると子どもが馬鹿になる」と言ったほうが迫力があるでしょう。

もちろん、根拠を明示する必要はあります。「子どもにテレビを見せてはいけない」と禁止命令の形を用いるのもありです。「本気でダイエットしたい人は、ぜひ」よりは「本気でやせる気がない人は申し込まないでください」といった形です。

また、「ズバリ言います」「結論から申し上げます」「大切な話をします」「今から言う話以外、今日は全部忘れてしまっても結構」「この話を聞いただけで、今日の元はとれたと言っていいでしょう」といったフレーズを、最初に持ってくるのも１つの方法です。どのパターンであっても自信と確信をにじませて言い切ってください。断言した後に、その根拠をどれだけ説得力を持って示せるかも重要なポイントです。

②脅迫法

人間は脅されると、反発しながらも気になるものです。そんな心理を利用して、「脅して言い切る」手法が脅迫法です。「勉強しましょう」と言わずに「このままだと確実に浪人します」と伝えるといった具合です。「体温が下がると病気になりやすい」ということを「体温が1度下がると、あなたの免疫力は30パーセント低下します」と伝えたり、「女性にも加齢臭がある」という内容を「あなたの臭い、気づいていないのはあなただけ」と伝えます。

受講者の心理の中のウィークポイントや不安を探し出し、「このままだと、こんな大変なことになりますよ」というニュアンスを、真顔で言い切るのがポイントです。ただ不安を煽るのはいけません。「ちゃんと私のことを考えて言ってくれている」というオーラを出して、適切な解決策やフォローも一緒に提示することが大事です。

③反語法

反語法とは、発信したい情報とわざと逆の意味の問いかけをする手法です。反語にすることで、格段に表現が強くなります。一般的に常識と言われていることを否定したい場合や、一般的に常識と言われていることの逆を提示したい場合に、反語を使うと効果的です。

例えば、「アメリカ型の成功哲学は日本人には向いていない」ということを言いたい場合、「アメリカ型の成功哲学は、本当に日本人に向いているのでしょうか」と言います。「地球は温暖化していない」と言いたいのであれば、「地球は本当に温暖化しているのでしょうか」となります。「日本人は英語を学ぶ必要はない」と言いたいのであれば、「本当に日本人は英語を学ぶ必要があるのでしょうか」と言います。

④スイング法

スイング法とは、「ビルは高くなったが、人の気は短くなった」「お金を使ってはいるが、得る物は少ない」「より便利になったが、時間は前よりもない」「専門家は大勢いるが、問題は増えている」「薬も増えたが、健康状態は悪くなっている」のようにあえて伝えたい言葉と正反対の意味のキーワードを先に持ってくることでスイング効果を生み出し、そのギャップで伝えたいメッセージのインパクトを強める、というテクニックです。スピーチ・プレゼンでは話し方における「抑揚」や「強弱」「高低」だけでなく、話の内容においても「両極に振る（スイングする）」ことによって、同じ内容でもより聞き手に伝わる表現に変わります。

「彼女が好きでした」と言うより、「嫌いになりたいくらいなのに、彼女が好きでした」となります。「小学校のころ、僕がクロールで泳いでいるとみんな助けに来るんです。『溺れているのかと思った』って。失礼でしょー」では、「泳ぐ」をその対極の「溺れる」にスイングしています。有名なキャッチコピーや名演説にはしばしばこのスイング法が使われています。

「薬やめますか？　人間やめますか？」

「これは私の勝利ではない。あなたの勝利だ（オバマ大統領就任演説）」

「蝶のように舞い、蜂のように刺す（ドゥルー・バンディーニ・ブラウン〈モハメド・アリのスタッフ〉）」

「国家に対して何を望むかよりも、自分が国家に何を奉仕できるかを考えるべきだ（ジョン・F・ケネディの演説）」

これらにもスイング法が使われているのが分かると思います。

作り方のポイントは、まず「一番伝えたい言葉」「一番伝えたいメッセージ」を決めます。次にその伝えたい言葉の正反対の言葉やキーワードを考え、それを前半、もしくは後半において、前半と後半がつながるような言葉でその間をうめます。

政治や社会を痛烈に批判する笑いで人気を博した米国のコメディアン、ジョージ・カーリンも、妻が亡くなった時、ボブ・ムーアヘッドという牧師の説教を引用して友人に送ったメールに、多分にスイング法を使いました。

⑤フリ・オチ法

フリ・オチ法は本題に入る前、話の冒頭で「○○の話なんですけど…」のように話のテーマを漠然と先に言う方法です。少しヒネリを加えたフリ（見出し）をつけることで、聞き手はその後の展開に対する強い関心を持つものです。

「ダイエットの話なんですけど、私ダイエットしては太って、太ってはダイエットして、んでもってまた太って、今マックスで太ってるんですけど…」と言われれば、聞き手は話の起点と概要を理解して、「ダイエットのリバウンドを繰り返してどうなったんだろう？」とその先の展開にも興味を持ちます。「家に電話がかかってきて、受話器を取ったら『おまえか、コラッ！』って言われたんですけど…」などと言われれば、「いきなりそんな電話がかかってきたのはなぜだろう？」と、最初の発言がその後の展開にどう関係してくるのか、まるでドラマの伏線のように気になって、最後まで話を聞きたくなるものです。この方法は、オチまでのフリが長くなりそうなときに有効です。

⑥赤裸々法

「彼のプロジェクトの成功の話を聞いた瞬間、心臓が飛び出るかと思うくらいの衝撃を受けた」のように、その感情・言動がもたらす体の反応を言葉にすることで、伝えたいメッセージに話し手の嘘偽りない、文字通り赤裸々な想いや臨場感を付加するテクニックです。体感感覚表現法と言ってもいいでしょう。

「彼女に好きって言いました」よりは、「彼女に好きって言いました…。その時ボクのくちびるは震えていました」のほうが臨場感が増すのが分かると思います。

作り方のポイントは、まず一番伝えたい言葉を決めます。次にその言葉を口にした(感じた)時の体の反応をそのまま言葉にします。その赤裸々なキーワードを伝えたい言葉の前後に入れると、あなたの伝えたいメッセージが聞き手にはリアル感を持って飛び込んできます。

感動した時、体の各部位、「顔」「のど」「くちびる」「目」「耳」「心臓」「胃」はどんな反応をしているでしょうか。「肌」や「うぶ毛」「手の平」「指先」はどんな反応をしているでしょうか。「頭の中」で起きていることや、「息づかい」や「血のめぐり」を表現しても構いません。自分の感覚に向き合って、普段意識していない、口にしていない言葉を自身の体に教えてもらってください。

⑦リピート法

リピート法とは、伝えたいメッセージや感情などをリピートして表現することで、聞き手の記憶に深く刷り込ませるテクニックです。リフレイン法、列挙法とも言います。

「彼女のことがとても好きでした」よりは「彼女のことが、とってもとってもとってもとっても好きでした」のほうが好き具合が伝わってきます。「その先生の言葉、すごく感動したんです」よりは「その先生の言葉が刺さったんです、つかんだんです、しみたんです。それまでどんな言葉にも感動しなかったシラケ野郎の僕の心に」のほうが感動が伝わってきます。

「うちの旦那ったら、家のことから自分の身の回りのこと、何から何まで私にやらせて、もう、私におんぶに抱っこに肩車かよ、って感じなんです」というのもいいでしょう。

リピート法は歌謡曲にもよく使われています。

西野カナさんの名曲の歌詞が頭に浮かぶ人も多いのではないでしょうか。

「人民の　人民による　人民のための政治（リンカーン・ゲティスバーグ演説）」「うまい、はやい、やすい（吉野屋）」などもリピート法です。

作り方のポイントは、伝えたい言葉・メッセージを決めた後、それをたたみかけるように同じ言葉または言葉の種類を変えながら繰り返します。その際、韻を踏むようなフレーズや対句にすると、聞き手に心地よさを感じさせます。

⑧「ここだけ」フレーズ法

「ここだけ」フレーズ法は「ここだけの話にしておいてくださいね…」「これ言っちゃっていいのかぁ…」といった意味深なフレーズで、聞き手の集中力を喚起し、伝えたい内容に入っていくテクニックです。

単に「ネットビジネスにはコツがあります」よりは「ほかの場所で誰にも言わないでくださいね。実はネットビジネスには、成功者しか知らない、あるコツがあるんです」

考える力を身につけて
明日の夢につなげる知恵を紡ぐ

経法ビジネス新書

ご案内

のほうが聞き手には響くものです。

作り方のポイントは、決していきなり伝えたいメッセージ、メインの話をせずに、次のような「ここだけ」フレーズから話をはじめます。

「最後に、これだけは覚えておいてほしいんですが…」

「ここだけの話ですが…」

「ほかでは話さないんですが…」

「誰にも言わないでくださいね…」

「これ言っちゃうと、ホント、マジやばいんですけど…」

「実は普通の人があまり知らない裏技があるんです。それは…」

「この話はホントは無料ではしないんですけど…」

「これ言っちゃっていいのかなぁ実は…」

「実は人に言えない話があるんです…」

「これ、業界の人しか知らない話なんですが…」

⑨強調フレーズ法

強調フレーズ法とは、伝えたい言葉やメッセージの前に強調フレーズを入れるテクニックです。「彼女が好きでした」よりは「メチャメチャ彼女が好きでした」と言ったほうが思いの強さが伝わると思います。

作り方のポイントは、伝えたい言葉やメッセージを決めたら、その言葉やメッセージの前に強調フレーズを入れるだけです。強調フレーズとしては、次のようなものがあります。

「メチャメチャ…」「メッチャ…」「目ん玉が飛び出るほど…」「髪の毛が逆立つほど…」「○○がびっくりするくらい…」「失神（失禁）するほど…」「信じられないくらい…」「気絶するほど…」「実は…」「鼻血1リットル出るほど…」「ものすごい…」「たまらん…」

また、「サワサワ」「ドッタドッタ」「シュワシュワ」「ネッチョネッチョ」「サクサク」「ポロンポロン」「スッカスッカ」「ギンギン」「ベロンベロン」「ヨッタヨッタ」「ホッコリホッコリ」「フワフワ」「ヘニョヘニョ」などのオノマトペ（擬声語）を効果的に入れるのもいいでしょう。

同語反復で強調させる方法もあります。同語反復とは、「いいものはいいんです」「ダメなものはやっぱりダメなんです」といったように、同じ言葉をパターンに沿って反復する方法です。「たかが○○、されど××」「○○でないことが××」「○○だから（以上に）○○」といったパターンです。

「ほしいものは…やっぱほしいんですわ」「たかが野球、されど野球」「日本人以上に日本人」「嫌いだから嫌いって言ってるでしょ」「取り柄がないのが、むしろ取り柄のような人間なんです」「意味のないことに、むしろ意味があるんです」といった感じでしょうか。ポイントは、まずストーリーを決め、それを強調フレーズで装飾することです。

⑩比喩法

強調フレーズ法の一種と考えてもいいでしょう。一言で言えば、比喩・たとえを用いて強調する方法です。比喩を使うとイメージが脳裏に鮮明に喚起され、その言葉や内容を感覚的に理解しやすくなります。

例えば、「とても楽しい講義でした」と言うより「まるでディズニーランドみたいな講義でした」と言ったほうが、楽しかった感じや楽しんでいるイメージがわきやすいでしょう。「雨が降るとボクの髪ってぺたんこになるんです」と言うより「雨が降るとボクの髪って、レンジでチンしたもやしみたいになるんです」と言ったほうが、これまたイメージに焼きつきます。「とても衝撃的でした」よりも、「頭に雷が落ちたような衝撃を受けました」はどうでしょう。「とてもひどい仕打ちでした」と言うよりも「まるで傷口にタバスコ擦り込んで、んでもってその後スパイクで踏みつけられるような仕打ちでした」のほうが仕打ちのひどさが伝わります。

「△△△ならたくさんの曲を入れて持ち歩くことができます」と単に事実を言うよりも、「1千曲をポケットに入れて街を歩くような感覚と言ったらいいでしょうか」と、比喩を使うほうが内容を感覚的に理解しやすくなります。「豚骨スープとカツオだしを合わせたら、これがうまかったんです」よりも「豚骨とカツオ。まさにスープ同士のおめでた結婚。これが絶妙にうまかった…」とするとどうでしょう。食レポ番組のレポーター顔負けに美味しさが伝わってきます。

作り方のポイントは、伝えたい言葉・メッセージを決めた後、その状況・感情をイメージさせるのにふさわしい比喩をその前後に入れます。「まるで・まさに」「みたいに・のような」とともに入れる直喩を使ってもいいですし、「まるで」「みたいに」なしで、「雪の肌」「ばらの微笑」「先生は救世主でした」のように直接つないだ隠喩を使った表現でも構いません。

コツは、一見正反対なもの、無関係なもの、そこに存在し得ないもの同士に存在する共通点を考えてみます。「A＝Bである（と同じだ、のようなものだ）。というのはCだからだ」といった形が基本です。普段から、うまい比喩・たとえのネタのストックを考えておくといいでしょう。

ところで、言葉のイメージ、すなわち語感は、意味とはまた別に、その言葉の発音の体感によっても生じます。例えば、「マシュマロ」と発音するとき、人は口腔に息を柔らかく溜めて、弾力を確かめるように転がしています。それに対して「せんべい」と発音するときは、舌をひらべったく硬く使っています。発音の体感が、脳にそのイメージを作り出すのです。

しかもこの体感は、小脳に直接届きます。小脳は物理空間、現象認識、運動制御を司る器官ですから、言葉本来の意味よりも早く脳の潜在域を牛耳り、快・不快の判定をし、人々の気持ちに快・不快を作り出すと言われています。

「固い物をたたいた音を聞くと、固いイメージが脳に感じられる」

「固い物を見ると、いかにも固そうだと脳に感じられる、つまり身体感覚を想起する」

「身体を固くすると、かたくなな気持ちになる」

「かたくなな気持ちの時は、身体も固くなっている」

といった具合です。

こうした観点から考えると、感性が豊かな人とは、脳の気分を感知し、出力できる人と言えます。感性豊かな人とは、

「自分の脳の気分を言葉や造形・音楽などで出力できる人」

「他者の脳の気分を察知し、言葉や態度でフォローできる人」

と言えるでしょう。

脳の気分（感性）は、「固い」「柔らかい」「尖っている」「まるい」「透明」「どすぐろい」「軽い」「重い」「冷たい」「熱い」「突き放す」「抱き込む」「流れる」「動かない」「ぐらぐらする」「浮き立つ」「はねる」「濁った」「高い」「低い」「なめらかな」「ざらつくような」「広い」「狭い」…、などの物理現象にたとえてみるといいでしょう。

「君は怒っているんだよね。悲しいんだよね」を、「今日の君、珍しく尖ってるね、大丈夫？」や「君の悲しみは透明なんだね」とすることで感性豊かな表現になります。

⑪アレゴリー法

アレゴリー法とは、ある事物を直接的に表現するのではなく、ほかの事物によって暗示的に表現する方法です。意味としては比喩に近いですが、日本語では寓意と訳されます。代表的なものに「イソップ童話」があります。左記はアレゴリー法を使った有名な話です。

「ノミは驚異的なジャンプ力の持ち主として知られています。ノミは体長１～４ミリの体で、最大で垂直方向に20センチ（体長の約50倍）、水平方向に41センチ（体長の約

100倍）跳ぶことができます。もし身長160センチの人間が同じように跳ぶことができたなら、高跳びで80メートル、幅跳びなら160メートル跳べることになります」

では、ここで問題です。そんなノミを高さ10センチの箱に入れ、ふたをし、しばらく放置するとどうなるでしょう。正解は「10センチしか跳べなくなっている」です。箱の中でふたをされていたため、10センチしか跳ぶことのできなかったノミは、箱から出されても10センチしか跳べなくなってしまうのです。跳ぶ能力を持っているにもかかわらず、こうなってしまうのはなぜでしょう。それは、「箱の中」という環境で「10センチ」という壁をつくられてしまったために、「10センチ」が自分に跳べる高さの限界と思ってしまったからです。

自分で勝手に限界をつくってしまったために、本来持っている能力を発揮できなくなってしまったのです。これは、私たち人間にも同じことが起こり得るのではないでしょうか。「オレには無理だ」「こんなことできるわけがない」。そう思い込んで、今までの経験や、今置かれている環境で自分自身に限界を作ってはいけません。

⑫パラフレーズ法

例えば、「あなたがこれまで食べた中で一番美味しかった料理について語ってください」と言われた時、それを説明する際、五感を使った言葉で細分化して表現する（パラフレーズする）と、ただ「美味しかった」「うまかった」と言うより、イメージや感情が伝わりやすくなります。五感を表現する言葉を身に付けておいてください。

1．「味覚」

あっさりした、濃厚な、芳醇な、繊細な、刺激的な、なめらかな、コクがある、厚みのある、重厚な、深みのある、フルーティな、スパイシーな、淡白な、ギトギトした、うっとりする、恍惚とする、しびれるような、衝撃的な、まったりとした、さわやかな、けれんみのない、キレがある、主張の強い…

2．「嗅覚」

官能的な、深い森の下草のような、柑橘系の、磯の、誘惑的な、お花畑のような、強烈に鼻を刺激する、鼻腔にストレートに伝わる、まさに直球という感じの、変化球の、複雑な、柔らかな、みずみずしい、うっとりとするような…

3．「触覚」

噛みごたえのある、舌の上で溶ける（消える）、まったりとした、ビロードのような、丸みのある、角のある、角張った、鋭角的な、はずむような、ねっとりとした、心地よい、プチプチした、シコシコした、コリコリした、ニュルっとした、弾力のある、プリップリの、もっちりした、モッチモチの、サクサクした、ずっと噛んでいたくなる、粘りのある…

4．「聴覚」

波（川）のせせらぎ、草原を揺らす風、冬の木枯らしの音が聞こえてきそうな、パチパチと、シュワシュワっと、コトコトと…

5．「視覚」

ふっくらとした、雪のように白い、ダークブラウンの、漆黒の、マリンブルーの、メロウな、イエローの、南の島の沈む太陽を連想させるような、極小の、目が釘付けになるほど大きな、さりげなく主張している、ほんのり桜色の、はかなげな、絢爛豪華な、鮮やかな、艶のある…

また、一般的には短所と見なされる部分も、言い換える（パラフレーズする）ことで、長所に換えてしまうこともできます。

1.「新しい」

フレッシュな、新鮮な、これまで味わった（体験した）ことのない、時代の先端を行く、流行の先頭を走る、時代の感覚を取り込んだ、次の時代を感じさせる…

2.「古い」

伝統的な、コンサーバティブな、安心する、どこか懐かしい、安らぎを感じる、レトロな雰囲気の、ストーリーを感じさせる、積み上げられてきた、ぶれない、足腰のしっかりした、時代に左右されない、昔ながらの○○を大切にする、あたたかい…

3.「まずい」

不思議な感覚の、通にはたまらない、食べる人を選ぶ、インパクトの強い、はまると癖になる、大人の味、ユニークな、個性的な、これまでにない…

4.「劣っている」

粗削りな、これからの可能性を秘めた（感じさせる）、今後が楽しみな、将来性を感じる、若々しい、初々しい、良い意味でプロっぽくない…

5.「安い」

リーズナブルな、お買い得な、掘り出し物の、お値打ちな、財布にエコ、家計にやさしい（うれしい）、やり繰り上手にぴったりの…

6.「高い」

一生ものの、どこに出しても（出ても）恥ずかしくない、この値段ならお値打ち、見る人が見れば分かる、本物は自信を与えてくれる、セレブ感、オーラがある、身に付ける人を選ぶ、違いが分かる人のための、こだわるからこその、オーセンティックな、風格を感じさせる、本物が分かる人のための、一流の、格式ある、品格を感じさせる、自分を大切にする人のための、分かる人には分かる、仕立てが違う、見えないところにまでこだわりがある、孫の代まで使える、1つの財産、使えば使うほどに違いが見えてくる、本物だけが持つ高級感（手触り、質感）…

7.その他

困ったときの万能フレーズも用意しておくといいでしょう。

「逆に新しいかも」

「クリエイティブですよね」

「○○さんって、替えがきかない人ですよね」

「何かしみるよね」

「世界観がありますよね」

これらは、決してよいとは言っていないのですが、「受け止めているよ」感を出せるフレーズです。

「人見知り」に関しては、「人見知りの方って、優しい人が多いですよね」でどうでしょう。「明らかにダサい人」には、「原石ですよね」とか「何か将来性のかたまりですよね」という言い方だと傷つけずにすみます。「暑苦しくてウザい人」には「いつもみんなのこと考えてくれていますよね」、「健康オタクな人」には「○○さんのお話しって、聞いているだけで健康になりそう」、「超ネガティブな人」には「○○さんって、頭が良すぎるんだよね」、「説教魔」には「○○さんって、嫌われ役を買って出ているんだから偉いですよね」、「方向音痴」な人には「一緒に散歩したら楽しそう」、「料理下手」には

「でもすごく気持ち感じるな。○○さんの料理」、「毒舌家」には「でも何か○○さんの毒舌って愛があるんですよね」、「要領下手」には「仕事が丁寧だよね」、「自己開示しない人」には「○○さんって、すごく興味深い方ですよね…。何か言葉ではっきり表現できないんだけど、スゴく思うんですよね」、「親バカ」には「きっとお子さんも○○さんのこと、大好きなんでしょうね」といった具合です。

⑬キャッチフレーズ法

キャッチフレーズ法は聞き手の記憶に残りやすくするために、伝えたいメッセージにキャッチフレーズをつける方法です。

「木戸に立てかけし衣食住」。このキャッチフレーズをご存じですか。これは会話の中で特に人との会話が弾む「話題」の頭文字をとったものです。

キ…季節「桜の季節ですね。花見にはもう行かれましたか…」

ド…道楽「ゴルフをなさると伺いましたが、どれくらいの頻度でコースを回られるんですか」

ニ…ニュース「ワールドカップ、日本代表には頑張ってほしいですね」

タ…旅「海外旅行とか、よく行かれますか？」

テ…天気「週末は雨らしいですよ。いやですね」

カ…家族・家庭「ご家族といえば、先日、娘さんご結婚されたんですね」

ケ…健康「体がしまってらっしゃる。スポーツとか定期的にされてらっしゃるんですか」

シ…仕事「新しくお店オープンされたそうですね」

衣…衣服「今日のコーディネート、素敵ですね」

食…食べ物「近所に美味い店、見つけました。今度一緒にいかがですか？」

住…住居「○○にお住まいなんですね。あのあたりはいいところですね」

といった感じです。

環境配慮に関するキーワードの「３Ｒ」（スリーアール、さんアール）も有名です。Reduce（リデュース、減らす）、Reuse（リユース、繰り返し使う）、Recycle（リサイクル、再資源化する）の３語の頭文字をとった言葉で、リデュース（ごみの発生抑制）、リユース（再使用）、リサイクル（ごみの再生利用）の優先順位で廃棄物の削減に努めるのがよいという考え方を示しています。Repair（リペア、直す）、Rental（レンタル、借りる）などの言葉を加えて、4Rや5Rと呼ぶ場合もあります。

⑭状況描写法

状況描写法とは、「感情や気持ちを表す言葉」をあえてカットし、その時の状況で伝える方法です。

「9回裏2アウト満塁。打てばサヨナラの場面で、ボクは三振してしまいました。本当に悔しかったです」から、あえて感情や気持ちを表す言葉をカットし、その時の状況を伝えてみましょう。

「9回裏2アウト満塁。打てばサヨナラの場面で、ボクは三振した。ゲームセットのサイレンの後、帰りのバスに乗るまでの記憶がない。ただ覚えているのは、バスの一番後ろの席で深く帽子をかぶったまま、窓に頭をもたげてずっと顔を手で覆っていたこと」

どうでしょう。感情や気持ちを表す言葉が入っていないのに、感情・気持ちが伝わってきたと思います。

⑮キュー・カット法

キュー・カットとは、テレビで番組がＣＭに入る前に、「ＣＭの後、あの人が大変なことに！」「果たして××はどうなるのか⁉」といったテロップを入れてＣＭが明けた後の見どころを先に伝える番組進行の手法です。

この手法は、結婚式やパーティなどのスピーチで有効です。結婚式やパーティの会場では、聞き手は隣の出席者とおしゃべりをしていたり、目前の料理に目移りしやすいために、話を聞いてもらうには大変不利な状況です。そうした中、結婚式のスピーチであれば、話の本題に入る前に、「ここで、壇上にいる新郎の○○君の意外な一面をお教えいたしましょう。実は…」と新郎を直接名指ししてみます。会社のパーティで挨拶するなら、出席者の１人を示して、「あそこにいる人事部の鈴木君が、この間こんなことを言っていました…」と、その場にいる人物に注目させてから、その人のネタを話しはじめるのです。

この方法の効果は3つあります。1つ目の効果は登場人物の背景を説明する手間が省けるので、話をコンパクトにできること。2つ目の効果は登場人物がすぐに分かるので、聞き手が話をイメージしやすくなること。そして、3つ目の効果は、話し手に「あの人」と明示された人が、話を聞いている最中、あるいは話が終わった後にどんな表情をするのか、どんなリアクションをするのか気になるので、聞き手はこちらの話と「あの人」から目を離せなくなること、です。

⑯「今だけ・ここだけ・あなただけ」法

「今だけ・ここだけ・あなただけ」法は、「今回ご参加のこの部屋にいる皆さんだけにお伝えします」「今回だけの特別サービスです」「皆さんの熱意に負けました。ほかの人には言わないでくださいね」といったフレーズで、聞き手に自分達は特別だという意識を持たせる方法です。単純な方法ですが、意外と効果的です。

第6章　成功するマンツーマン・少人数コミュニケーション技術①

●コミュニケーションの5つのレベル

①自分とのコミュニケーション

コミュニケーションと言うと、自分と他者との間の意思伝達と思われるかもしれませんが、自分と他者との意思伝達を可能とするためには、まず「自分は何者であるか」「自分は何を欲しているか」「自分はどこに向かいたいのか」といったような自分自身に関することを明確にする必要があります。そういったところがきちんと分かっていなければ、他者とのコミュニケーションはとても空虚なものとなってしまいます。

コミュニケーションの基本は自分自身を語ること、自分の思いを語ることです。自分自身を語ることができなければ、人と関わり合うことはできません。結局、人と関わるくらいなら1人でいたほうが楽と引きこもりになってしまいます。まずは自分自身と向かい合ってください。コミュニケーションの第一レベルは「自分とのコミュニケーション」です。

自分自身とのコミュニケーションを試みると、当然、過去の自分、現在の自分、未来の自分とのコミュニケーションの必要に迫られます。ここで問題となりがちなのは過去の自分とのコミュニケーションです。ごく一部の人を除き、人生は失敗の連続です。その失敗の捉え方を誤ると前に進めなくなります。過去の失敗は現在の、そして未来の成功のための試金石だっただけであって、決して失敗したわけではありません。過去の失敗は現在もしくは未来の成功のための通過地点にすぎないことを理解してください。

自分自身とのコミュニケーションで注意することは、過去のネガティブな体験に引きずられないことです。過去の失敗体験を引きずらないでください。失敗した過去も今となっては素敵な思い出です。辛かった思い出も楽しい思い出です。このような書き換えが必要です。自分の心の中での書き換えです。自分の心の中で過去は変えられるのです。

②表面上のコミュニケーション

ここからが他者とのコミュニケーションですが、当たり障りのない世間話をするのが「表面上のコミュニケーションレベル」です。

一見、コミュニケーション能力が高そうに見えても、表面的な話に終始しているようであれば、コミュニケーション能力が高いとは言えません。自分の意思を伝えることができないことはストレスになります。場合によっては自分を苦しめる結果になるかもしれません。

③本音のコミュニケーションレベル

心の中をさらけ出し合うのが「本音のコミュニケーションレベル」です。

巷には上手な話し方講座といったものがあふれていますが、その場限りならいざ知らず、そうした小手先のコミュニケーションスキルをいくら身に付けたところで、真の人間関係を作ることなどできません。どちらの関係を選ぶかはあなた自身の選択に委ねられますが、本音で語り合える人間関係のほうが人生の幅を広げることができると思います。あなたが自分をさらけ出すことで、相手も自分をさらけ出すことができます。お互いをさらけ出し、本音を語り合える関係を構築してみてはいかがでしょうか。人は誰しも承認欲求があります。自分を認めてほしい存在です。なのに、他人を認めない。どうしても「自分が、自分が」になりがちです。まずは自分と違う相手を認めてみましょう。

相手を認めることで相手は自分を認めてくれます。

あなたが欲するものは何でしょう。それはあなた１人の力で手に入れることができるものでしょうか。この世に存在するほとんどすべてのものは、自分１人で手にすることのできないものです。あなたの望みが高ければ高いほど、自分１人で望みのものを手に入れるのは困難です。他人の力が必要です。だからついつい他人に要求してしまう。でもそれではあなたの欲するものはあなたの手には入りません。他人に与えてはじめて、自分に与えられるという世の中の摂理を意識してください。人は１人では生きていけません。自分の人生をよい方向へ変えたいと願うなら、どうしてもこうした相手を尊重したうえでの本音の人間関係が必要になってきます。

④高め合えるコミュニケーション

本音のコミュニケーションがベースとなり、集団の中には「高め合えるコミュニケーションレベル」を持った人たちが存在します。話はうまいけど、どうも心に響かないといったことがあるでしょう。そうした話には心が伴っていません。心が伴わない話は、たとえ話し方のテクニックがあっても決して人の心に響くことはありません。集団コミュニケーションはお互いを高め合うためのコミュニケーションです。自分の思いを全力で伝え、その思いを伝えた側と伝えられた側でお互いを高め合うことができれば、そのコミュニケーションは成功です。このレベルを目指してほしいと思います。このレベルにある人たちは先見の明に優れ、行動力もあり一目置かれる存在、いわば社会のリーダー的存在と言えるでしょう。

⑤社会的影響を与えることができるコミュニケーション

さらにこのレベルの人達をリードできる「社会的影響を与えることができるコミュニケーションレベル」を持った人達が存在します。ビジョンを持ち、多くの人達に感動や影響を与える人達のコミュニケーションレベルです。

こうした上位のコミュニケーションレベルに到達するためにも、まずは自分自身と向き合うレベルを大事にしてください。

●ホメオスタシス

ホメオスタシスは「生体恒常性」などと訳されます。生体の内部や外部の環境因子の変化にかかわらず、生体の状態を一定に保つ性質やその状態を意味します。このホメオスタシスのおかげで私達は生きていられるわけですが、悪い側面も持ち合わせています。身体は昨日の状態を良い状態と思い込み、今日も昨日の状態を維持しようとするわけです。肩こりの人はマッサージを受けた翌日からまた再び肩こりに悩まされるかもしれません。

表向きにはコミュニケーションレベルを向上させたいと見えていても、無意識レベル・潜在意識レベルでは変わることに抵抗があるのです。良くも悪くも潜在意識は現状を維持しようとします。「変わろう」「変わりたい」と思っていても、変わることに対して恐怖や不安を感じているのです。向上しようとする労力に対する不安定な対価よりも、何もしない安心感を求めているのです。特に、過去に嫌な思い、嫌な体験をしてすでに回避行動をしている場合は変化を拒絶しがちです。

回避行動とは、過去に感じた不安や恐怖を再度体験したくないという思いから、そうした不安や恐怖を避けるための行動です。例えば、過去に人と接することで嫌な思いをした人が、人と会わないようにしたり、飲み会に誘われても理由をつけて遅刻をしたり、断ったりするような行動が回避行動です。回避行動は自分から話をしない、集団の輪の中に入らないといった行動として現れるかもしれません。一見、回避行動のように見えなくても、なぜそうするのだろうと考えてみると実は回避行動だったということもよくあります。こうした回避行動も負の自己催眠によるものと考えます。

ネガティブな感情が起こることをあらかじめ避けようと回避行動をとることは心情的には理解できますが、そうしていても根本的には何も解決されません。少しずつで構いませんので、そうした回避行動をなくしていってください。行動変容なくしてあなたのステージは変わりません。今こそ負の自己催眠を断ち切ってください。

●自己紹介

初対面の人とのコミュニケーションは自己紹介からはじめます。自己紹介のポイントは、「あなたの名前が分かる」「あなたが何者かが分かる」ことです。当たり前と思っているかもしれませんが、この当たり前のことができていない人がほとんどです。直近で会った人を思い出してください。名前を思い出すことができますか。その人はどんな人だったでしょうか。意外と覚えていないものです。

マナー講習などで名刺の渡し方は習ったかもしれませんが、名刺の交換は自己紹介ではありません。「○○会社の○○です」と言っても、あなたの会社が認知されるだけで、あなたがどんな人かは伝わりません。

誰しも一番自己紹介が上手だったのは就職活動のころ。名刺交換に頼って自分がどんな人物であるかを伝えることを忘れて、久しく時が経ってしまっています。就職活動のころを思い出して、あなたを伝えることに一生懸命になってください。

自己紹介の時間はおよそ1分。その1分間にあなたの数十年の人生、あなたの人柄、あなた自身を伝えます。一文一文は短文で語ってください。つなぎ語を入れるとダラダラと長い印象を持たれます。同じ話、同じ内容を繰り返さないこと。「え～」「あのぉ～」といったヒゲや、「語尾上げ」「語尾伸ばし」などは聞き手にとって耳障り以外の何物でもありません。できる限りカットしてください。

自己紹介がうまい人は話がうまい人と判断され、その後のコミュニケーションもスムーズにいきます。最も短い自己紹介の流れはこんな感じです。

①自分の名前を言う
②聞く人の脳裏に残りやすい説明で名前を紹介する
③プチネタ
④「気軽に声を掛けてくださいね」などの親しみのフレーズ
⑤もう一度名前を言う
⑥「よろしくお願いします」

「沖田一希と申します。仕事は予備校講師。受験生の『一』つの『希』望となれるように頑張っています。テレビなどで大活躍されている林修先生は同僚です。もっと仲良くしておけばよかったと後悔しています（笑）。気軽に声を掛けてください。もちろん質問も大歓迎です。沖田一希です。よろしくお願いします」といった感じです。

プチネタはできるだけ最近のネタがおすすめです。今しかできない自己紹介が最も記憶に残る自己紹介です。私は相手の笑顔を引き出すことができた時、その自己紹介は成功だったと思っています。笑顔や笑いを引き出すためにギャグやダジャレは必要ありません。コミュニケーションが取れてリラックスした瞬間に人は笑顔になるのです。

自己紹介は人間的側面を自己開示する場だと考えます。わずか１分間に親近感や共感を持ってもらえるような表情、話題を提供できる準備をしておきましょう。自己開示で使うネタはあなたを分かってもらうためのものです。失敗談や最近の喜怒哀楽ネタ、モットーや大切にしていることであなたを理解してもらいましょう。さらに相手にとって役に立つ話や相手に関係のある話を入れることができたらベストです。

また、自己紹介は時と場合で変わるものです。常にフレッシュなプチネタを考えておくとともに、基本パターンを４つ、５つ用意しておくことをおすすめします。

●自己紹介後の展開

その後の展開は聞き手の種類、相手が求めているもの、目的によって、内容や語彙、口調、表情を変える必要があります。

人を惹きつける鉄板ストーリーはやはり、『神話の法則　夢を語る技術』への当てはめです。『神話の法則　夢を語る技術』は、神話学者ジョーセフ・キャンベルの『千の顔をもつ英雄』の神話研究を元に、著者クリストファー・ボグラーが、神話の構造を映画脚本に応用し体系化したものです。

『神話の法則　夢を語る技術』は3幕12ステージからなります。

第1幕　離別、出立

1. 日常の世界　　（問題の偏狭な認識）
2. 冒険へのいざない　　（問題の認識の深化）
3. 冒険の拒絶　　（変化への拒否）
4. 賢者との出会い　　（変化への躊躇）

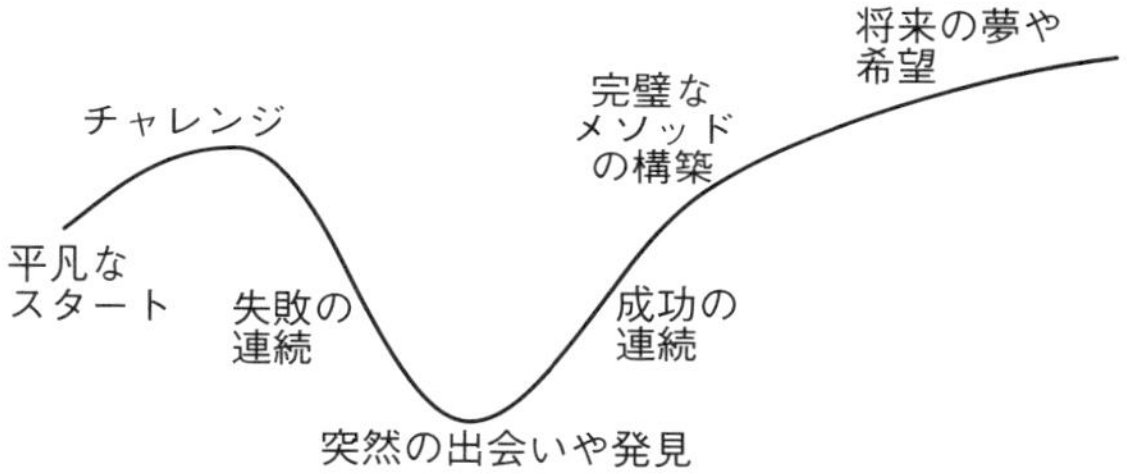

5. 第一関門突破　（変化への第一歩）

第2幕

6. 敵との戦い・仲間との出会い　（最初の変化への挑戦）

7. 最も危険な場所への接近　（大きな変化への準備）

8. 最大の試練　（大きな変化への努力）

9. 報酬　（努力の成果）

第3幕

10. 帰路　（変化への再挑戦）

11. 復活　（大きな変化への最後の努力）

12. 帰還　（問題の最終的な解決）

自分の人生を大雑把にこのパターンに当てはめて語るのです。どこにでもいるような、欠陥だらけの自分の「平凡なスタート」、そして、無理ではないかと思うほど遠く険しい目標への

「チャレンジ」、そして「失敗の連続」。ところが「突然の出会いや発見」によって失敗や葛藤、敵対する者を乗り越える。「成功の連続」でついに「完璧なメソッドの構築」、最後に「将来の夢や希望」を語ります。ビジネスの場合であれば、次はあなたの番ですといった宣伝を加えてもいいでしょう。

●「人たらし」を目指そう

人の心をつかみ、自分の味方に引き入れてしまう「人たらし」。豊臣秀吉は家臣の求心力を高めるのはもちろんのこと、敵の家臣まで引き抜いてしまうくらいで、「人たらしの達人」と称されていました。天下統一はこの「人たらし」の才能によって成し遂げられたといっても過言ではありません。秀吉の成功から「人たらし」になるためのコミュニケーション技術を盗みましょう。

「人たらし」になるためには、

まず、相手の「人柄を分析」し、相手の「状況から、気持ちを察知」する次に、相手が〝心を開く〟ための「状況を作る」

そして、相手を〝つかむ〟ための「言葉をかける」

といったことが要求されます。

もちろん、相手を分析して察するというのは簡単なことではないでしょう。とはいえ、ただ「見る」のではなく、明確な意図や目的を持って「観る」こと、ただ「聞く」のではなく注意深く身を入れて「聴く」ことを意識するだけでも結果はかなり違ってくるでしょう。

●話すこと以上に聴くことが大事

マンツーマン・少人数コミュニケーションでは、プレゼン・スピーチ以上に、話すことよりも聴くことが大事になってきます。相手をとり込む最も簡単な方法は、相手の話をしっかり聴くことです。

相手の話を聴くときは、相手に身体をきちんと向けること、特に、自分のつま先を相

●相づちの種類と言葉の例

種　類	言　葉
同　意	そうですね、そのとおりですね、納得です、なるほど、いいねぇ、もっともです、やっぱり
共　感	大変でしたね、ご心配でしょう、ご苦労さまでした、分かります、胸に突き刺さりました、残念です、ため息が出ます
否定・反対	いいえとんでもないです、いいえ違います、そんなことは
称　賛	すごいですね、さすがですね、すばらしいですね、感動しました、やっぱり○○さんは違いますね、なかなかできないことです、役立つなぁ、面白ですね、やりますね、
驚き・疑問	ほんとうですか、そうなんですか、それでどうなったのですか、目からうろこです、勉強になるなぁ
促　進	それから？　それで？　ということは？　面白ですね、教えてください、
整　理	つまり～ということですか？　ということは～ってこと？　要約すると～ということですね
転　換	ところで、そういえば

手に向けることを意識することと、「相づち」を打つことです。相手の話をうなずきながら聴く人は多いですが、「相づち」を打つ人は多くありません。時には手をたたいたり、身を乗り出したり、後ろにのけぞったりしながら、しっかりと「相づち」を打ってください。

まずは「相づち」の種類と言葉を増やしましょう。慣れるまで「相づち」を打つのは相当難しいと思います。テレビのコメンテーターの話に合わせて、「そうそう」「それで」などと「相づち」を打つ練習をしてください。

●相づち以上に強力なバックトラッキング

このバックトラッキングはとても強力な手法です。多くの書籍などではバックトラッキングには3つの段階があると言われています。第一段階はオウム返しのようにそのまま相手の言葉を言い返す。第二段階では相手の言うことを要約して言い返す。さらに第三段階ではキーワードを使って言い返す。こうすることで相手の言葉をしっかりと受け止めていることが相手に伝わると言います。

しかし、これは正しいとは言えません。要約や話し手の意図していないキーワードの誤用で話し手の気持ちを折ってしまうのです。要約の際、ちょっとした聞き手の感想を入れるだけで話し手の話したいという気持ちはトーンダウンしがちです。

上手なバックトラッキングは

「昨日、結婚式に行ったらさ…」「え、結婚式に？」

といった感じで話し手が語った一語をこの調子でひたすら聞き返します。相手からリアクションがない場合、沈黙に耐えられず、ついつい言葉をはさみたくなりますが、笑顔で相手のリアクションを待ちます。これを繰り返すことで、しばらくすると相手の話にドライブが掛かってきます。ドライブが掛かれば後はどうしようと大丈夫です。相手から高評価を獲得することは間違いありません。

●自己重要感を満たす

自分で自分の存在を肯定することが自己重要感です。人は誰しも自分の存在を肯定したい、また、肯定されたいと思う生き物です。ところが、日常生活では自己重要感を満たすような人間関係やコミュニケーションが少ないのが現状です。もし、あなたがコミュニケーションで信頼関係を築くのが苦手であれば、相手の自己重要感を満たすようなコミュニケーションを取っていないと考えられます。

自分のことばかり話していたり、相手の存在を無視したり、否定するようなコミュニケーションを取っているのです。相手の自己重要感を満たすことを心掛けてください。相手に関心を持つ、相手の立場を認めることを心掛けて、相手を褒めたり、ねぎらうような発言をしてください。

営業などの仕事でも、この自己重要感を満たすという行為は大切です。セールスコミュニケーション成功法の基本は、何といっても「お客さまに自己重要感を持たせること」です。私達大学受験予備校の講師は、大学合格のために必要な知識を教えるのが仕事ですが、それ以上に大切なのは、個々の生徒に夢と未来という形のないものを伝えることだと思っています。「あなたは重要な存在です。この国の未来、いや世界の未来にとって重要な存在である」と説きます。心の底からそう思いながら語ります。

相手の自己重要感を満たすもう1つの方法は、具体性を持って話し掛けることです。もし、自分好みの素敵なスーツを着ている同僚がいたら、そのスーツをどこで手に入れたか気になるものです。自然と会話も、「どこのショップで買ったの?」といったように具体性を持ったものになります。単に「いいスーツだね。似合っているよ」であればお世辞に受け取られかねませんが、「そのスーツいいね。似合っているよ。シルエットが綺麗だね。僕も欲しいな。どこで買ったの?」と具体性を盛り込んで話をすることで、本心から褒められている気持ちになります。「○○さん、良かったですよ」「いや〜、とても素晴らしかったです」と何が良かったか、何が素晴らしかったか具体性に欠ける会話をよく耳にしますが、そういった褒め方をされても相手の心には届きません。具体性を入れて相手の自己重要感を満たしてください。

●説き伏せない

相手から想定外の問い掛けがあったときは、自己重要感を感じてもらうチャンスです。上手なレスポンスをしようとせずに、問い掛けの意味を尋ねてみるといいでしょう。この時、普段以上に大きく相づちを打ちながら、決して相手の話を遮ることなく、できるだけ語ってもらうことで真意が見えてきます。

日常会話において、正しいということはそれほど重要なことではありません。人はついつい「自分の話している情報は絶対正しい」と相手を論破しようとしますが、相手を論破しても得るものはありません。日常会話では例えば、釈迦の生没年が紀元前500年頃だろうと、紀元前400年頃だろうと、どうでもいいのです。

ビジネスでも同様です。ビジネスに熱心で、自分の商品を愛していればいるほど「自分の商品は絶対いいので、これを買わないのはおかしい」という狭い考えになりがちです。もしあなたが家電売り場担当であれば、さまざまな機能が付いていることをメリットと考えているかもしれませんが、お客さまはさまざまな機能の付いた電化製品よりも、シンプルで扱いやすい電化製品を求めているかもしれません。あなたの思うメリットは、必ずしも相手の思うメリットと一致しているわけではないのです。

放置することで将来大きなトラブルになる場合を除き、専門家から見て的外れであっても、相手と議論する必要はありません。「なるほど、面白い考え方ですね。私などは○○といった考え方しかできません」と相手を否定することなく、こちらの考え方を伝えておけば十分です。繰り返しますが、相手を論破しても得るものはありません。

●話したいことからはじめない

プレゼン・スピーチ4つのレベルでも述べましたが（第2章参照）、マンツーマン・少人数のコミュニケーションでも会話の順序を意識して話を組み立てることは大切です。言いたいことを真っ先に伝えるより、相手の知りたいことを先に聞き出してください。

会話のやりとりでも「入口」と「出口」は重要です。セールスなどの場合、商品性・キャンペーンの内容などを一方的に話しがちですが、相手の知りたいこと、興味のありそうなことをひたすら聴くことこそが大切です。「聴く」は意外と難しい作業です。ただうなずきながら聞き流すのではなく、感情を共有するつもりで相づちを打ちながら聴いてください。時にバックトラッキングを入れながら聴いてください。相手は話すことで徐々に自分の現状を認識しはじめます。営業などではそれがきっかけで、会話が進むにつれて商品の必要性を感じて商品の購入につながるかもしれません。

●体系的な情報より、具体的な情報を伝える

特に、セールスコミュニケーションでは、体形的な情報よりも具体的な情報を伝えることは重要になります。例えば、「リスクがある商品は怖いから」と言われた場合、単に「この商品は元本保証があるから大丈夫」では会話が止まってしまいます。「○○さまが心配するリスクとは、どのようなものでしょうか」と具体的に問いかけることで、相手の真意が見えてきます。

また、大きな表現で違いを1つ説明するよりも、小さな表現で違いを10個説明するほ

うが相手は理解しやすいものです。

その際、1回あたりの話の時間を極力短くし、会話の頻度を増やすことも大切です。コミュニケーションを良好にするため、キャッチボールのように会話のリズムを大切にしてください。

●パートナーとの会話の基本

「類は友を呼ぶ」といった言葉があるように、互いに同質な部分を感じ、人は惹かれ合います。互いに惹かれ合い順調かに見えた人間関係が、時とともにギクシャクしていくことがあります。プライベートであれ、ビジネスであれ、最初は強い信頼関係が構築されていても、時間の経過とともにその信頼関係が崩壊していくことがあります。この原因の1つは意思疎通がうまくいかなくなることです。意思疎通がうまくいかないとは、お互いの思いのすれ違いです。

思いを伝えようと感情的になり、大声で相手を怒鳴りつけたところで、すれ違いは改善しません。言葉にあなたの苦痛を込めても相手に伝わるわけではありません。大声を出すほど怒りは増長しますし、同僚、恋人、夫婦など、立場が同等もしくは立場が近い関係であれば、相手も大声で言い返してきます。収集のつかない言い争いになるでしょう。声を荒げることで得られるものは少ないでしょう。

すれ違いをなくすためにはどうすればいいのでしょうか。例えば、「晩ご飯ができていないとイライラするので、君には準備しておいてほしい」のように、「理由」と「意見」を必ずセットで伝えることです。ただ相手を非難すると、相手は攻撃されているように感じ、自らも攻撃的になります。そうならないために、理由と明確な解決策としての意見を提示します。この具体例なら、「もし準備が無理なときは、メールを入れておいてほしい」というような解決策としての意見を並列し、もしくは選択できる形にするとよりいいでしょう。このような形で不満を言うことで、すれ違いを防止し、結果として会話を生産的なものにするのです。

この「理由」と「意見」をセットで伝えるのはディベートの技法です。ここで注意しなくてはいけないのは、単に「理由」と「意見」をセットにすればいいというものではないということです。例えば、「この商品安いから、買ってください」であれば、「理由」と「意見」がセットになっていても、「何で安いからって買わなくてはいけないの?」というような疑問が生じてしまいます。このような疑問を生じさせないように、「理由」と「意見」の間に必要なもう1つ説得力のある理由が必要です。このもう1つの理由を「論拠」といいます。「論拠」を入れて説得力のある会話をしてください。

●交渉コミュニケーションの基本

交渉時には当然ながら自分の置かれている立場、相手の置かれている立場を明確にする必要があります。立場が違えばおのずと考え方は違ってきます。まずはお互いの立ち位置を確認しましょう。立ち位置の確認とはそれぞれの着地地点、目標地点の確認でもあります。

立ち位置が確認できた後は相手がどういったタイプの人かを確認します。ここでいうタイプは、「理屈・理論」を重視するタイプか、「感情」で納得するタイプか、「利益」

で納得するタイプかということです。仕事上の交渉であれば、とかく最終着地地点の利益のみに目がいきがちですが、利益は目に見える形のゴール地点にすぎません。

交渉相手によって決定の閾値《いきち》は違います。「理屈・理論」で納得して動く人、「感情」で納得して動く人、「利益」で納得して動く人、人によって重要視するところが違っています。どこを重要視しているのかを見極めることができるなら、半分以上交渉は完了しているようなものです。

もし、相手がどこを重要視しているのか分からない場合は、「理論・理屈」↓「感情」↓「利益」の順序で話を進めるといいでしょう。そのどこかで手応えが変化するのが分かります。その部分を重点的に攻めるといいでしょう。

プレゼン・スピーチでは、聴衆全体の心を揺さぶるために正論に感情をのせることを重要視しましたが、少人数・マンツーマンコミュニケーションでは、段階を踏んで話をすることと、どの段階を重要視するかということが大事になります。

●教育的に叱る

上司と部下、先生と生徒のように上下関係がしっかりしている場合、教育的に怒るふりをすることで一定の効果が得られる場合があります。悪いことは悪い、ダメなことはダメと、伝えるべきことをしっかりと伝えます。怒りたくなる原因はあるのですから、最初は怒りの感情に支配されるでしょう。しかし、感情にまかせて怒鳴りまくってはいけません。特定の個人を攻撃するものであってもいけません。心をコントロールして、個人には改善点を指示し、全体に対して叱咤激励してください。

●そりの合わない人とのコミュニケーション

仕事以外では無理にコミュニケーションを取る必要はありません。親戚の中にどうしても合わない人がいる。ひょっとするとそれは配偶者の親かもしれません。その場合も同様です。親戚の集まりに無理に顔を出す必要はありません。集まりに顔を出さなければば、親戚にどう思われるだろうといった他人の考え方を軸にしてはいけません。軸は自分です。自分の感情を大事にしてください。

あなたの苦手な人は、相手もあなたのことを苦手と思っているものです。あなたの嫌いな相手も、あなたのことを嫌いと思っているものです。顔を合わせなければお互い無用なストレスを背負うことなく過ごすことができます。そうすることで不要なトラブルを事前に回避することにつながるかもしれません。

さすがに仕事の場合は相手を無視するわけにはいきません。最低限きちんと仕事が回るようなお付き合いをします。その際、相手の性格を見て対処するのがいいでしょう。とっつきにくい人であれば無理にとっつく必要はありません。ネガティブな人であれば、会話の端々に「私達は」「一緒ですよ」といった共感や仲間を意識するイメージの言葉を入れてみてください。責任逃れしそうな人には、はじめにきちんと役割分担を明確化しておくのがいいでしょう。押しの強い人には、受け入れても問題ないことなら、感謝の気持ちとともに受け入れ、納得いかないことに関してはその場で返事をしないで時間を稼ぎましょう。このように相手を見て対処法を考えてください。ただし、無理に相手に合わせて会話する必要はありません。仕事のことだけきちんとやりとりすればいいのです。

第7章　成功するマンツーマン・少人数コミュニケーション技術②

この章ではマンツーマンまたは少人数でのコミュニケーションにおいて、あなたの気持ちを相手に強く伝えるための技法をお伝えいたします。もちろん、この技法はプレゼンやスピーチの時にも有効です。

●暗示の効用

相手を動かそうとする時、理詰めの正論で相手を動かそうとする試みは、多くの場合難航します。人は本能的に相手の意図に左右されることに抵抗感を抱くからです。しっかりと自分の意思を持った人ほど、そうした抵抗感は強いものです。

むしろ効果的なのは、直接的な説得よりも間接的なほのめかしです。「間違いなくトップを狙える器だと思うよ…」「5年後はきっとそうなるだろうね…」といった感じで、善意の第三者としての見解を小声でささやくのです。この時、説得する意図を持っていないようにふるまうことが大切です。説得する意図を感じると本能的に抵抗をはじめます。あくまでも第三者の目から見た観察事実を述べたにすぎないといった感じを醸し出すことが大切です。

直接的な説得よりもこのような予言めいたほのめかしのほうが、はるかに相手に行動を誘発する力があるということは、古くから経験的に知られていました。暗示の善用は想像以上に相手を誘導する大きな力となるのです。

●ダブルバインドテクニック

ダブルバインドを日本語に訳すと、二重拘束となります。催眠心理療法士は催眠導入の際にしばしばこのダブルバインドテクニックを使います。「ゆっくり催眠状態（トランス）に入っていきますか？　それとも早めに催眠状態（トランス）に入っていきたいですか？」

いずれにせよ、催眠状態に導こうとするわけです。ダブルバインドテクニックは何かをやってほしいときに、それをやるかやらないかではなくて、やることを前提とした選択肢を用意して、質問するやり方です。どちらを選んでも、結局同じ結果に誘導されるわけです。

本当はスーツを買いに行っただけなのに、店員さんに「シャツはブルーにしますか、それとも白にしますか?」と言われれば、スーツ以外に買う気のなかったシャツまで買ってしまうかもしれません。好意を抱く相手に対して、「次はイタリアンにする? それともフレンチにする?」とダブルバインドテクニックを使って次のデートの約束を取りつけることができるかもしれません。

子どもに宿題をさせたいなら、「宿題、1人でやる? それともママと一緒にやる?」といったダブルバインドテクニックは有効です。「宿題、おやつの前にする? それともおやつの後にやる?」と多少の譲歩案を提示するのも有効でしょう。

人間の心は不思議なもので、直接何かをするように言われると、命令されたと受け取り、心に抵抗を生じてしまいます。頭では勉強しないといけないと思っていながらもグダグダしている受験生に、「勉強しなさい」と言っても無駄です。かえって心に抵抗を生じさせるにすぎません。「お前は頭が悪い」といった言外の内容がメッセージとして届いてしまうことすらあります。それに対して、「来年の今頃は大学1年生だな。大学

1年生はとても忙しいって言うから、来年の今頃はこうやってのんびりはできないだろうな」と言ったならどうでしょうか。命令も非難もされていないので、メッセージは心に素直に届きます。「来年の今頃は大学1年生」といった言葉から、大学1年生になった自分を想像するでしょうし、大学合格に至るまでの過程を意識します。また、「こうやってのんびり」といった言葉から、頑張らなければならない自分を認識します。

潜在意識は連想の巣窟です。さりげない言葉、些細な言葉がその人の心の琴線に触れ、放っておいても波紋は広がり、行動の変化を生み出します。行動に変化を起こさせたければ、ただ理詰めで説得するだけではいけない場合もあるのです。

もともと、ダブルバインドという用語は、文化人類学者グレゴリー・ベイトソンが統合失調症の子どもを持つ家庭を調査する中で発見した、コミュニケーションパターンを表すためにつくられた造語です。統合失調症の原因は今もって不明ですが、

①2人の人間の間で繰り返され
②否定的なメッセージが送られ

③それとは矛盾する第二の否定的なメッセージが同時に送られ
④どちらに反応しても罰せられ
⑤しかもその事態から逃げてはならない
このような「言っていることが矛盾している」「言っていることと表情が違う」「どちらを選んでも怒られる」といった状態がつくられると統合失調症のような状態を引き起こすと考えられています。

「自主的に動け」と言ったかと思うと、「勝手なことをするな」と言い、「きちんと謝れ」と言ったかと思うと、謝った場合には「すぐに謝るな」と言います。こうしたダブルバインドはモラハラの典型です。

「辛いなら、もっと率直に言ってくれればよかったのに…」というような言い回しをする人がいれば、モラハラの加害者と認識し、距離を置くことをおすすめします。「言ってくれればよかったのに…」は「言わないお前が悪い…」という責任転嫁です。得てしてこうした人に素直に辛さを露呈したなら、逆ギレされる場合もしばしばです。

ダブルバインドテクニックはとても強力な技法なので、その使い方に注意してください。ダブルバインドテクニックを知ることで面倒な相手とのトラブルを回避することも可能です。

●タイプ分類

世の中にはたくさん性格分類法があります。数タイプに分けるものから、数十、数百のタイプに分けるものまでさまざまです。私は人とコミュニケーションを取るとき、次のような４つのタイプに分類してコミュニケーションの取り方を変えて成果をあげています。

A…エネルギッシュでちょっと暑苦しいタイプ
B…癒し系のちょっとおどおどタイプ
C…完璧主義のちょっといらいらタイプ
D…感受性鋭くちょっと暗さ漂うタイプ

それぞれのタイプをもう少し詳しく見ていきましょう。

A「エネルギッシュでちょっと暑苦しいタイプ」

このタイプはいつもにこにこ明るいリーダータイプとも言えます。ビジョンを掲げ、周囲を巻き込む力もあります。周りの人たちを励ましながら、自ら進んで問題解決に挑みます。目標を設定するとすぐに取り掛かる行動派で、常にエネルギッシュ、決して弱音を吐きません。行きすぎて周囲から暑苦しく見られたり、根本的なところでは人の心に寄り添えないのが玉に瑕です。

B「癒し系のちょっとおどおどタイプ」

このタイプの人は穏やかで周囲をリラックスさせる才能があります。まさに癒し系です。Cタイプの人と相性が良いのですが、この組み合わせでいじめられっ子の要素が出てきてしまいがちです。気がつけばCタイプの人に怒られてばかりで、普段は有能な人でもミスを連発し、段取りの悪い人間になってしまいます。何かあると頭が真っ白になり、思考停止になってしまうこともあります。穏やかで癒し系なのに、ちょっとおどおどして見えるのは、Cタイプの影響と言えるでしょう。

C「完璧主義のちょっといらいらタイプ」

このタイプの人は完璧主義ゆえ、物事を確実に進めようとします。常に目標を意識し、やると決めたら必ず結果を出します。目標達成のためには手段を選ばず、周囲に威圧的に接することも多く、冷たい印象を持たれがちです。自分は有能だと思っています。同時に、いじめっ子の性質、内なる暴力性を持っています。

D「感受性鋭くちょっと暗さ漂うタイプ」

このタイプの人は感受性豊かで、人に深く共感できる能力を持っています。問題点を見つけるのも得意で、カウンセラーの資質を持つ人です。その洞察力ゆえ物事のネガティブな側面を見て、悩んだり文句を言い続ける傾向もあります。昔のことを長く根に持つのもこのタイプです。

あなたはどのタイプでしょうか。「Ａタイプだと思うけど、Ｂタイプの側面も持つな」などと思う人もいるかもしれません。当たり前です。人は遺伝的にその父と母の気質を受け継ぎます。その気質の一方が強く、他方が弱く出る場合もあるでしょう。さらに言えば、両親の気質を受け継いでいるだけでなく、その両親のそれぞれの両親の遺伝的気質をも受け継いでいるはずです。10世代遡って考えるだけでも2^{10}人、すなわち1024人の何らかの遺伝的気質を受け継いでいるのです。

さらに人の性格は遺伝的気質のみによって形成されているわけではありません。環境的要因、教育的要因、社会的要因などさまざまな要因のもと、人の性格が形成されているわけですから、1人としてまったく同じ性格の人間などいるはずありません。人の性格は多種多様です。1億の人がいれば1億通りの性格があるでしょう。

人の性格を4つのタイプに強引に当てはめることには多少無理があるかもしれませんが、かといっていちいち数十、数百のタイプに分類すること、そしてそのタイプに応じてコミュニケーションの仕方を変えることは実用的ではありません。

タイプ分類が目的ではありません。心理学者の行うテストのような分類をする必要はありません。コミュニケーションをスムーズに取ることができるようにすることが目的です。独断と偏見で、とりあえずどのタイプの側面が一番強く現れているか、という程

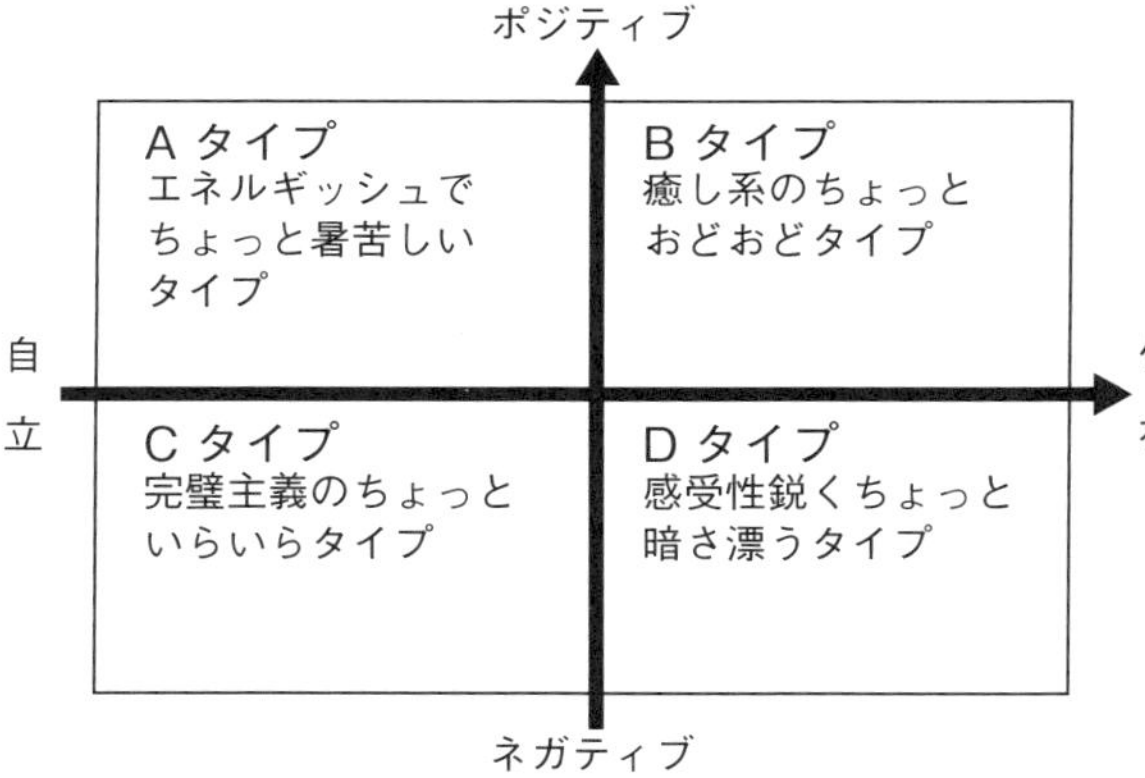

度で相手をタイプ化してみてください。

人との付き合い方は、近づくか離れるかの2方向しかありません。対角の関係、すなわち、「AとD」「BとC」の関係は相性の良い関係と言われています。互いに惹かれ合い、近づいていく人間関係です。特に「AとD」の関係は最高です。それに対して、「AとB」「CとD」といった左右の関係、また「AとC」「BとD」といった上下の関係は自然と遠ざかる人間関係です。

マンツーマンコミュニケーションではこの関係を利用して、良好な関係を構築することができます。自分の本来の性格がどうであれ、対角のタイプの性格を演じて相手と相対するのです。対角のタイプを演じて会話することで、良好な人間関係を構築することができます。人間関係の端緒を開くため、また仕事上の人間関係構築においてこの心理術を積極的に活用することをおすすめします。

●バーナム効果

バーナム効果とは、誰にでも該当するようなあいまいで一般的な性格を表す言葉を、自分だけに当てはまるものだと捉えてしまう現象です。1948年、心理学者のバートラム・フォアラー（フォア）が行った心理学実験はバーナム効果を裏付けたものとしてあまりに有名です。

フォアは学生たちに性格についての心理検査を実施し、その検査結果に基づく分析結果を手渡し、その分析結果がどれだけ自分に当てはまっているかを評価してもらいました。しかし、実際には分析結果と称されたものは、心理検査の結果に無関係に全員同じ内容でした。

「他人から好かれたい、賞賛してほしいと思っている。それにかかわらず自己を批判する傾向にある」

「弱みを持っている時でも、それを普段は克服することができる」

「使われず生かしきれていない才能をかなり持っている」

「外見的には規律正しく自制的である」

「内心ではくよくよしたり不安になる傾向がある」

「正しい判断や正しい行動をしたのかどうか真剣な疑問を持つ時がある」

「ある程度の変化や多様性を好む」

「制約や限界に直面した時には不満を抱く」

「独自の考えを持っていることを誇りに思う」

「十分な根拠もない他人の意見を聞き入れることはない」

「他人に自分のことをさらけ出しすぎるのは賢明でないことに気づいている」

「外向的・社交的で愛想がよい時もある。その一方で内向的で用心深く遠慮がちな時もある」

「願望にはやや非現実的な傾向のものもある」

このような星座占いの文章を適当に組み合わせて作られた文章を手渡し、評価してもらったのです。その結果、全員まったく同じ内容だったにもかかわらず、大部分の被験者は自分の性格を正確に描写していると回答しました。もし、あなたもこの心理学実験に参加していたなら、多くの学生たちと同様に、自分の性格をある程度正確に言い当てられたと感じたでしょう。

マンツーマンコミュニケーションでは共感力が大切です。しかし、共感力とは「分かります、分かります。あなたの気持ち分かります」と、相手にただ同調することではありません。「あなたの気持ち、分かります」といったような薄っぺらな言葉だけでは相手からの共感の気持ちを得ることはできません。

「この人だったら分かってくれる」「この人は信頼できる」と思ってもらえてはじめて共感してもらえるのです。そのためにはまずはバーナム効果を活用し、相手の心の中に入っていってください。

●占い師のように悩みを当てる

コールドリーディングという話術をご存じでしょうか。「コールド」とは「事前の準備なしで」という意味で、「リーディング」とは「相手の心を読み取る」という意味です。私達メンタリストは、しばしばこのコールドリーディングという手法を用いて、外見を観察したり、何気ない会話から相手の悩みをズバリと言い当てます。あまりにも的を射ているために、言い当てられた相手は相当驚きます。コールドリーディングはあくまでも話術なのですが、相手からは超能力や霊能力といった類いのものを身に付けているかのように思われることもしばしばです。驚愕を通り越して畏怖の対象になることすらあります。

こうした技術をあなたも身に付けることができるとしたらどうでしょう。こうした技術を身に付けたあなたは尊敬の対象になるかもしれません。それまで人とコミュニケーションを取ることが苦手だった人が、会話をすることが楽しくてしかたなくなるかもしれません。

もちろん、一流のコールドリーダーになるためには、多くの理論を学び、それ相当の訓練を重ねる必要がありますが、自分の属する小さなコミュニティで一番の使い手になるくらいのレベルであれば、さほど習得は難しいものではありません。主要な4つのテーマに絞って会話すればいいのです。

その4つとは、

「愛情」
「お金」
「仕事」
「健康」

です。人生の悩みの9割はこの4つに関連しています。どの年代でもおおよその悩みはこの4つに関連していますが、「愛情」1つを例にとっても、年代ごとにその興味は変わります。10代であれば「恋に恋する」感情でしょう。反抗期も手伝い進路で親との愛情関係がもつれているかもしれません。20代になれば真剣に交際相手を求めます。すでに交際中の人であればその相手との関係にまつわる悩みになります。結婚後はパートナーナーとの関係。ある程度年齢を重ねている人であれば、自分の昔を振り返ればいいのです。自分自身ではなくても、自分の周囲に起こっていた出来事を振り返ればいいのです。年齢が分かればほぼ確実に悩みを言い当てることは可能です。ツボにはまれば相手が勝手に話してくれるものです。

新入社員から35歳くらいまでの男性であれば、異性のことと仕事のこと、将来のキャリアの形成に興味があり、悩みもその周辺であることが多いでしょう。特に、若い時は自分を過大評価しがちで、自分の能力が正当に評価されていないと考えがちです。最近は楽な方法で、大きなお金や名声を手に入れることができると夢見がちの人も多いようです。

35歳になると、仕事でもある程度責任のある立場になり、結婚や子供の誕生といった次の人生のステップへと確実に踏み出す人が多くなります。若い時は少ないながらも自分自身のために使えたお金が、キャリアアップのために自己投資したいという思いはあれど、優先度はマイホームや教育のための資金という人も多いでしょう。

確実に次のステップへ踏み出している人がいる一方で、特に独身や共働きでお金と時間にある程度余裕が出はじめると迷走しはじめる人も出てきます。自分の社会的な立場を俯瞰して不安や諦めから、失われた青春を取り戻すかのように、昔やり残したことに没頭するなどして青春を回顧することで自己肯定へとつなげる人もいます。

30歳代後半になると男性の婚姻件数は激減します。ここで結婚を諦めて一生一人で生きていこうと決心し、自己完結型の生き方を確立する人も出てきます。周囲から順調な生き方をしているように見える人でも、このままでいいのかと自問自答しがちです。

40歳、50歳と年齢が進むにつれて昔のことを思い出すことも多くなり、過去の選択を振り返ります。首、肩、腰の部分、あるいは内臓系に不安も出てきます。「最近、眠りが浅くないですか?」と聞くと、多くの場合、当たります。50歳代半ばになれば老後のことに気持ちがいきがちです。老後の生活資金や身体への関心は否が応でも高まってきます。定年後は死を身近に感じるようになり、徐々にいわゆる「終活」への関心が高まってきます。

新入社員から35歳くらいまでの女性は、パートナーとの出会いや出会ったパートナーとの未来を模索します。仕事のこと、結婚、そして出産のこと、さまざまな悩みが出てきます。徐々に経済的な安定にも興味を持ちます。40歳代、50歳代は仕事やパートナーの選択が正しかったという確信を持ちたいと思っている一方で、新しいことに挑戦しようと思う気持ちが芽生え、その気持ちはだんだんと強くなっていきます。

50歳を超えても自分を進化・向上させたいといった気持ちを持つ人は多く、年齢の常識にとらわれずに、やりたいことにチャレンジする精神は男性よりはるかに高いと思われます。どうしても体力や見た目の衰えは出てきますが、それに対してはアンチエイジングというよりは、なるべく年齢を感じさせたくないといった積極的なエイジレス志向で行動する人が増えています。

50歳代半ばになると老後への意識が強くなる男性に対して、女性はより活動的な思考になります。そうした思いの一方で、健康などの現実的問題とのギャップに悩む女性は多いようです。表面的にはあまり悲観的なことを考えないようにしていますが、1人になった時などに、ふと不安に襲われることがあるようです。

コールドリーディングという手法を日常会話の中で自然と用いることにより、コミュニケーションを円滑に進めることができるようになるはずです。相手から大きな信頼感を得るようになり、心からの共感の気持ちを引き出すことが可能となります。また、この手法を知ることで、知らない間に誘導されたり、騙されたりすることを防ぐことができると考えます。

第8章　プレゼン・スピーチ・コミュニケーションの達人

●コミュニケーション能力の重要性

平和国家・日本の自殺者数はほかの先進諸国の10倍と言われています。なぜ、日本ではこんなにも自殺者が多いのでしょうか。

もちろん、自殺の背景にはさまざまな問題があるでしょうが、主因の1つにコミュニケーション能力の問題があると考えます。コミュニケーションを上手に取ることができずいじめられる。こうした出来事は幼少期に限ったことではありません。大人になってからでも十分に起き得ることです。一見すると経済的事情に見えても、その経済的事情を抱えるに至った背景にはコミュニケーションの問題が潜んでいる場合も多いでしょう。時に命に関わる問題にまで発展するコミュニケーションの問題ですが、日本では幼少期よりコミュニケーションに関して学ぶ機会は皆無に等しい状態です。コミュニケーションの重要性がいまだ認知されていないように思います。

●思いを伝えるプレゼン・スピーチ・コミュニケーションへ

大学受験予備校を例にとると、高校数学を高校生や大学受験生に分かりやすく教えるのが講師の仕事です。少子化で、数字上は大学の定員数が大学受験生の数を上回る「大学全入」の時代です。一時期あふれていた浪人生は、今や少数派で、生徒の大部分は現役高校生です。現役の高校生ですから、彼ら彼女らは高校の授業の後に、またはさらに部活動を終えた後に、塾・予備校へと足を運んでくれています。そうした生徒たちにメリットがあるように、予備校講師には、最低限、高校の先生よりも分かりやすい授業をすることが求められます。

実は予備校では特別な解法を生徒に伝えているわけではありません。私の解法も高校の先生の解法と大きな違いがあるわけではありませんが、おかげさまで生徒からはとても分かりやすいと好評を得て、予備校からそれなりに好遇していただいております。高校内でも予備校内でも分かりやすいと評判の先生と、分かりにくいレッテルを張られる先生が存在しています。同じ問題を同じような解法で教えているのに、なぜそうした差が生まれるのでしょうか。

ビジネスに関しても同様でしょう。同じ商品を売っていても、売れる店員、売れない店員がいます。

こうした違いの大部分は、プレゼン能力、スピーチ能力、コミュニケーション能力の差と考えます。

プレゼン能力、スピーチ能力、コミュニケーション能力の差異はどこから生じるのでしょうか。1つはこれまでお伝えしてきたテクニックやノウハウを身につけているかどうかです。この差はとても大きなものです。

実はもっと大事なことがあります。それは、「自分を持っている」かどうか。すなわち「自分との対話が完成している」かどうかが前提となるのです。「自分を知ること」「自分との対話の完成」こそが、本当の意味で相手に思いを伝えるプレゼン・スピーチ・コミュニケーションへの近道です。

●商品や内容は大事、でもあなたはもっと大事

ビジネスを例にとって考えましょう。同じ品物、同じような内容・性能の品物であれば何が何でも安いほどいいという人は一定数いるでしょう。私自身、同じ品物、同じような内容・性能の品物をネットで購入する時の判断基準は、ズバリ価格です。

その一方で、自動車を買う時、洋服を買う時、家電量販店へ出向いて品物を購入する時などは、価格のみで品物の購入を決めることはありません。皆さんも物品購入の際、購入の判断基準は価格だけではないということは多いと思います。この商品じゃないと絶対ダメという場合もある一方で、顧客は必ずしも内容や商品に惚れ込んで、申し込みや購入をするわけではありません。

特に、対面販売の場合、購入する側は元々内容や商品に関する知識は不十分だったものの、その商品をすすめる担当者の説明を信頼してその商品を購入するということは多いでしょう。もっと言うなら、その商品をすすめる担当者を信頼してその商品を購入することが多いのです。

もちろん、売る側は商品に対する深い知識を身に付ける必要があります。最近は店内での教育に余念がありません。店員は製品説明を学び、セールストークを学んでいるプロばかりです。それでも売れる人、売れない人が存在するのです。

かつて金融商品を扱う人々が読む雑誌にコラムを掲載したことがあります。その際、「商品について詳しく質問された場合、その大部分は商品そのものに疑問を持っているのではありません。あなたに疑問を持っていると感じてください。『この商品の中身は本当に大丈夫なの？』などと聞かれた場合、その金融商品について金融数学などの高度な内容についてあなたに回答を求めているわけではありません。すでに断わる準備をしているのです。『あなたが信用できない』といったメッセージだと受け止めてください」という趣旨のことを書かせていただきました。

内容や商品は大事ですが、それ以上にもっと大事なのは、あなた自身です。ある大手学習塾の統括の人が、「教室長が変わると、その教室の売り上げが変わる。売り上げの桁数が変わることもしばしばだ」と言っていました。教材は同じです。地域に住む児童・生徒数にも変化はありません。それなのに売り上げの桁数が変わるのです。

あなたは対面販売での商品購入や申し込みの際、何を基準に商品購入や申し込みを決断しますか。もちろん商品内容は吟味するでしょうが、最終的には説明してくれた人に対する信頼からではないでしょうか。多くの場合、商品をＰＲすることには熱心でも、自分自身をＰＲすることには熱心ではありません。自分自身をＰＲせず、信頼関係を構築することなしに商品を売り込んでも、成果は期待できないのです。

対面販売の例で考えましたが、対面販売以上に、プレゼン・スピーチ・コミュニケーションの場面ではあなた自身が信頼に足り得るか、魅力的かという点が大事になります。もちろん、話法のテクニックを身に付ける必要性はありますが、プレゼン・スピーチ・コミュニケーションはテクニックのみでは更なる飛躍はありません。まずはあなた自身を磨き、あなた自身を大事にしなければなりません。いわゆる人間力全般を鍛える必要があります。ここでいう人間力とは、第一印象であり、信頼関係力であり、ブランド力、行動力、質問力、共感力、空気を読む力などの力やスキルを指します。そうした力を身に付けることであなた自身をブランディングしてください。

●人間力とプレゼン・スピーチ・コミュニケーションの関係

人間力全般を鍛える必要があるのは理解できても、そうした人間力を一朝一夕で身に付けることはできないのでは、という反論が聞こえてきそうです。事実、人間力全般を鍛えるには時間が掛かるため、多くの企業ではすぐに役立つであろう雑談研修、セールストーク研修、クロージング研修などを行っています。

しかし、付け焼刃的な雑談はそれほど盛り上がることもなく、商品の説明前に断わられ、研修で覚えたセールストークやクロージングトークを使うことなく終わってしまうことが多いのです。

あなたが聞いて楽しかった、また聞きたいと思ったプレゼン・スピーチはどんなものだったか、思い出してみてください。あなたがこの人とコミュニケーションを深めたいと思ったのはどんな人だったか思い出してください。

御多分に洩れず、スピーカーは魅力的な人だったでしょう。人間力を鍛えることこそがプレゼン力、スピーチ力、コミュニケーション力を向上させるということが理解できると思います。

まずは本書でお伝えしたテクニックやノウハウを身に付けトップレベルのプレゼンター、スピーカー、コミュニケーターとなり、さらに人間力を鍛え続けることでプレゼン・スピーチ・コミュニケーションの達人になってほしいと思います。

●予備校講師、歯科医師、催眠術師、催眠心理療法士、そしてコミュニケーション講師

私の主たる仕事は予備校講師です。高校生や大学受験生には数学を、歯科医師ライセンスを活かして歯学部生には病理学および口腔外科学を教えています。また、メンタリスト、催眠術師として人を楽しませたり驚かせたり、催眠心理療法士として人を癒したりしています。

一見、バラバラに見えるこれらの仕事ですが、共通項があります。それはすべてに高度なコミュニケーション能力が要求されるということです。最近では、これらの仕事で培ったノウハウを伝授してほしいと、コミュニケーション講師の依頼も増えています。

はじめて教壇に立ったのは、今からおよそ30年前の大学1年の時でした。全国規模の大手学習塾がはじめての講師体験の場でした。たまたま出会ったアルバイトが塾講師だったというわけではありません。大学入学前から予備校講師になることを夢見て、大学入学と同時に塾講師のアルバイトをはじめたのです。

●父はコミュニケーション能力の欠如で職を失う

私の父は、昭和9年生まれの七男、姉も何人かいたようですが、一番末っ子です。医療事情の悪い当時のことです。生まれてすぐ他界した兄姉、戦争の犠牲になった兄姉も何人かいたようです。結局、私が生まれてきた時まで生き残っていた父の兄姉は、兄1人、姉1人の2人だけでした。

父は幼い時に両親を亡くし、親戚の家をたらい回しにされて幼少期を過ごしたようです。絶えず人の顔色をうかがいながら、人に言いたいことも言えず、いつも家の隅で小さくなって暮らしてきた幼少期の体験からでしょう、父は幼い私から見ても人とコミュニケーションを取るのが苦手でした。

父は歳の離れた兄の援助のおかげもあり、大学を卒業し、卒業後は車のセールスの職に就きました。セールス職ですから、コミュニケーション能力が要求されます。しかしながら、父は知っている人が前から歩いて来ても、挨拶するどころか横を向いて気がつかないふりをして通り過ぎるような人でした。そんな人間にセールス職が務まるはずはありません。いつしか、外回りの営業時間にはお客さまを訪問することはなくなり、ギャンブルに入り浸るようになっていました。

私が小学校1年の時です。ギャンブルで作った借金が多額になったのでしょう。それまで住んでいた家を売り払い、私たち一家は貸家に引っ越すことになりました。親戚の援助もあり、いったんはなくなった借金ですが、父の勤務態度は変わらず、小学校4年の時には毎日のように家に借金の取り立てが来るようなありさまでした。父は会社にもいられなくなり、わが家には返すあてのない多額の借金が重くのしかかりました。

●働きながら学んだ少年期の私

家計は火の車、私は中学入学と同時に働き、自分の身の回りのものを自分で賄うようになっていました。もちろん、中学生が働ける職場は限られています。働き先は新聞配達。たかが新聞配達と侮るなかれ、小学校を卒業したての子供が毎朝4時に起きて、1日も休まず新聞を配達するのはかなり大変です。北海道の冬は厳しく、時には大雪にもなります。数十センチの雪をかき分けながら、新聞を配達するのは非常に辛い体験でした。

そんな3年間を過ごし、何とか地元の公立進学高校へ進学しました。しかし、3年の月日を経ても家計の状況は改善されず、高校時代も働くことを余儀なくされました。

貧乏であることを悟られまいと、放課後は部活動に参加し、その後、深夜まで札幌の歓楽街ススキノで皿洗いのバイトをするような3年間でした。

それなりに勉強も頑張っていましたが、睡魔に襲われる毎日でした。気がつくと高校の成績は下位へ転落、大学入試は振るわず、浪人が決定しました。働くことも考えましたが、同級生のほぼ全員が大学へ進学する中で、就職を選択する勇気はありませんでした。

今は少子化で数字上は大学全入の時代ですが、当時は大学定員よりはるかに多い受験者数で、大学入学は狭き門でした。大学受験浪人が多量に出ていた時代、私のクラスの男子も3分の2が浪人になりました。

周りは当然のように予備校へ通い出します。ところが、私には予備校へ通うお金がありません。日々の生活費にも事欠くありさまです。学力面でもすでに自力で勉強して何とかなる域から脱落していたので、私はかなり焦りました。頑張って独学しようと参考書を読むにも、どうも理解が進みません。

そんな私を見かねた祖母が予備校の費用と当面の生活費を援助してくれたことで、私の未来は大きく変わりました。生まれてはじめての塾・予備校体験、そこでの数学の授業は圧巻でした。高校に入学してからまったく分からなくなっていた数学が理解できるのです。本当に分かりやすかったので、高校では文系クラスへ逃避した私ですが、浪人して理系に転向することを決意しました。そして無事に地元の国立大学である北海道大学へ進学することができました。

数学の克服が大学合格のカギでした。大学合格を端緒に、大学院へ進学することもできました。最終的には歯科医師のライセンスを取得し、歯学部や医学部の大学院で学ぶこともできました。今でも亡き祖母と予備校の数学の先生のおかげと感謝しています。

●伝え方で人の人生は変わる

高校でも予備校でも、大学受験レベルの数学であれば似たような解法・解答が伝えられています。しかしながら、ちょっとした伝え方の違いが受け手の高校生には大きな違いになります。授業もプレゼン・スピーチの一種と考えます。プレゼン・スピーチは、1対多のコミュニケーションです。伝え方やコミュニケーションの取り方で、受け手の人生は大きく変わります。あの時あの人と話して、もしくは、あの時あの人のあの話を聞いて人生が大きく変わったという経験を持つ人は多いでしょう。予備校時代の経験はまさにそうでした。授業の上手な講師、つまり、対生徒へのプレゼンが上手な講師は生徒の人生を変えます。

地元の同世代の方々と話をすると、かつて自分が通った予備校が話題になることがあります。私がお世話になった予備校の数学の先生に恩恵を受けたと感じた人は多かったようで、すでに30年の月日が流れているというのに、当時は面識のなかった者同士が同じ先生の話で盛り上がります。

私は予備校体験がもとで予備校講師に憧れ、予備校講師を目指すようになりました。

予備校講師の職に就くことは、恩返しでもありました。もちろん、お世話になった先生に恩を返すことはできないですが、私が教えることで、かつての私と同じように悩み苦しんでいる生徒を助けることができるのなら、それが恩返しになるのではないかと考えたのです。

●少子化で塾・予備校業界は総じて不景気

塾講師のアルバイトで手ごたえをつかんだ私は大学院を修了後、予備校講師になりました。憧れの職業であった予備校講師となったものの、時代は移り変わりました。少子化の影響で大学入試は易化の一途。ただでさえ生徒の絶対数が減ったうえに、塾・予備校のニーズも減ってきました。塾・予備校業界は総じて不景気です。この10～20年の間にたくさんの小規模塾が消えました。中堅規模の塾や予備校も合併したり、倒産したりしました。全国規模の大手予備校ですら、地方都市から撤退し、27校舎のうち20校舎を閉めたくらいです。

講師も相次いで解雇されました。年収数千万円を稼いでいた人気講師でさえ、どんどん解雇されていきました。教育職の人間は潰しが利かないと言われます。ほかの職業に就くのは難しい。かといって同業他社も雇う余裕はない。世の中の不景気と相まって、突然の解雇や倒産により、職を失い、再就職できず、路頭に迷った塾講師・予備校講師も多いでしょう。

●微差が大きな違いを生み出す

塾・予備校業界は斜陽産業です。かつては時給数万円からスタート、年収1億円を超える講師もいたものですが、いまは時給数百円、数千円の講師が大部分です。ところが、この時代でも時給数十万円の講師は存在します。塾・予備校業界はプロスポーツと同じように実力社会、階級社会です。

プロ野球選手の中で2割打者と3割打者の打率の差は1割です。10回バッターボックスに立って、そのうち2回出塁するか、3回出塁するか、たった1回の差です。でもその1回の差が年俸1億円の差になることもあります。常時3割前後打つバッターは、ファンの記憶にも長く残ります。

小さな差異は、実は大きな違いなのです。プレゼン・スピーチ・コミュニケーションも同じで、小さな差異は大きな違いを生みます。プレゼン・スピーチ・コミュニケーションの際は、小さなことに徹底的にこだわってほしいと思います。

●謝辞

プレゼン・スピーチ・コミュニケーションの技法をまとめるにあたり、盟友・河合塾英語科教師の山下りょうとく氏に多大なる協力をいただきました。禁断の3つの引き込みテクニックに関しては中小企業診断士で催眠術師の石川真氏のアイディアを参考にさせていただきました。本書の執筆にあたり両氏を含め多くの人たちにお力添えをいただいたことにこの場を借りて感謝の意を表します。また、編集業務にご尽力くださった恒吉栄治氏に深謝します。

2016年9月

沖田 一希

沖田一希（おきた かずき）
北海道札幌市出身。北海道大学大学院歯学研究科博士課程口腔医学専攻修了。博士（歯学）。口腔病態学講座口腔顎顔面外科学教室、同口腔微生物学教室で学ぶ。札幌医科大学医学研究科博士課程中途退学。
代々木ゼミナール、河合塾を経て、現在、東進ハイスクールおよび東進衛星予備校で数学を、歯科医師国家試験予備校ＤＥＳ歯学教育スクールで病理学、口腔外科学を担当。
歯科医師
催眠心理療法士
次世代教育メンタリスト（2016メンタリズム・バトルロワイヤル準優勝）

経法ビジネス新書　015
5分で惹きつけるコミュニケーション

2016年10月21日初版第１刷発行

著　　者	沖田一希
発 行 者	金子幸司
発 行 所	株式会社 経済法令研究会 〒162-8421　東京都新宿区市谷本村町３-21 Tel　03-3267-4811 http://www.khk.co.jp/
企画・制作	経法ビジネス出版株式会社 Tel　03-3267-4897
カバーデザイン	株式会社キュービスト
帯デザイン	佐藤　修
印 刷 所	日本ハイコム株式会社

乱丁・落丁はお取替えいたします。

ISBN978-4-7668-4814-4 C0234

経法ビジネス新書刊行にあたって

経済法令研究会は、主に金融機関に必要とされる業務知識に関する、書籍・雑誌の発刊、通信講座の開発および研修会ならびに銀行業務検定試験の全国一斉実施等を通じて、金融機関行職員の方々の業務知識向上に資するためのお手伝いをしてまいりました。

ところがその間、若者の活字離れが喧伝される中、ゆとり世代からさとり世代と称されるにいたり、価値観の多様化の名のもとに思考が停滞しているかの様相を呈する時代となりました。そこで、文字文化の息吹を絶やさないためにも、考える力を身につけて明日の夢につながる知恵を紡いでいくことが、出版人としての当社の使命と考え、経済法令研究会創業55周年を数えたのを機に、経法ビジネス新書を創刊することといたしました。読者のみなさまとともに考える道を歩んでまいりたいと存じます。

２０１４年９月

経法ビジネス出版株式会社